写真マンガでわかる
住宅メンテナンスのツボ

日本建築協会 企画
玉水新吾・都甲栄充 著
阪野真樹子 マンガ

学芸出版社

はじめに

　古くから「衣食住」という言葉が使われますが、人が生活していくうえで最も基本的な要素が衣食住です。衣食住のなかで、「衣」と「食」については、現在の日本は世界的にみて素晴らしい水準にあります。ところが、「住」については「ウサギ小屋」などと揶揄されてきました。美しいとは言えない街並みが多く、大多数の日本人が豊かさを実感できないでいます。

　私は、住宅業界で35年間、施工面を担当してきた技術屋ですが、苦労して建てた家がいつのまにかなくなっていることがあります。施工に携わった者としては、一抹の寂しさを感じます。まだまだ充分に耐久性はあるはずですが、なぜか解体撤去されてしまいます。

　日本では、「住」に関する政策がうまく機能しませんでした。新築後20年も経過すれば建物の評価額がゼロになってしまう税制、改築するよりも解体撤去して新築する方が安いと感じて新築する人、常に新しいものを良しとする国民性などは、日本の常識が世界の常識から乖離している例と言えます。

　世界的に見て日本は豊かなはずですが、豊かさを実感できていません。その原因の一つが、住宅を30年程度で解体撤去して、新築住宅に建て替えているシステムにあります。長期の住宅ローンを組んで、払い終わると、即解体撤去して新築住宅に建て替えます。再び住宅ローンが始まるのです。

　耐用年数30年と言われる住宅に30年ローンを組むということは、常に住宅ローンの支払いが必要になるということです。銀行への支払いのための生活では、豊かさの感じようがありません。

　ところが、30年で寿命と考えられている住宅ですが、実は2倍の60年、あるいは100年の寿命があると仮定すると、住宅ローンのない期間が過半数になります。1年あたりの建設コストや居住コストは半減します。これなら豊かさが実感できるかもしれません。

　なぜ住宅は30年の寿命しかないと決められたのかはわかりませんが、現実には30年で解体撤去されています。建物は、メンテナンスをきちんと行えば、半永久的に持たせることが可能です。適切にメンテナンスを繰り返して、悪いところのみを補修し、補修できないところは取り替えます。敷地の地耐力に応じた基礎補強を行い、構造強度などの条件を満たせば、通常のメンテナンスで対応可能となります。特別強度の仕様や高級な仕様にしなくて

も、可能です。

　住宅現場に携わる技術者が、住宅メンテナンスの知識、特に定期点検時のポイントとその対策を勉強すれば、入居者に的確なアドバイスをすることが可能です。住宅会社でメンテナンスを担当する技術者は、入居者にとって、最も長い付き合いとなる職種です（30年以上の付き合いとなる場合もあります）。入居者の満足感に最も大きな影響を及ぼします。きわめて長期間にわたり、住宅の技術者が、ホームドクターとして、入居者との間で良い関係を継続できるならば、素晴らしいことです。

　住宅を建てた住宅会社がしっかりと管理していれば、これだけ多くのリフォーム会社は存在できないはずです。住宅会社が途中で管理を放棄するから、リフォーム会社にチャンスが回ってくるのです。リフォーム専門会社がメンテナンスを行うことは多いですが、継続して管理できるかが問題になります。住宅のメンテナンスには技術面の知識・経験と意欲が要求されます。職人の世界では「アタマ・ウデ・ヤル気」が必要と言われますが、技術者の世界でも同様なのです。

　メンテナンス担当者のアドバイスを採用するかどうかの決定権は入居者にあります。技術者としては、説得力のあるアドバイスができるように、自分自身の技術水準と説明能力を高めておく必要があります。メンテナンスの技術者は、ホームドクターとしての経験を積むことによって、入居者の幸せに貢献できる素晴らしい職業なのです。

　本書では、まず序章で日本の住宅の現状を把握し、続く第1章から第11章で現場定期点検時の確認順に100項目を解説しています。住まいのメンテナンスに携わる技術者の皆様に役立つ内容であると確信しています。

玉水新吾・都甲栄充

目次

はじめに 3

序章　なぜいま住宅のメンテナンスか

1　日本の住宅の寿命は短かすぎる 12
2　ライフサイクルエネルギーを削減する方法 14
3　メンテナンスをすれば家の寿命は半永久 16
4　これから拡がるリフォーム市場 18
5　住宅メンテナンスのアドバイザーになろう 20

第1章　敷地の確認

001　排水溝まわりに亀裂や陥没はないか？ 24
002　建物基礎取り合い部に亀裂や陥没がないか？ 26
003　擁壁に沈下・割れ・傾斜がないか？ 28
004　敷地の地耐力は問題ないか？ 30
　コラム1　Global Rich List 32

第2章　基礎・土間の確認

005　基礎全周のひび割れはないか？ 34
006　基礎上部の通りに不同沈下の可能性はないか？ 36
007　どのような基礎補強が実施されているのか？ 38
008　土間コン仕上げの「浮き」は叩いてチェック 40
009　掘り込みガレージ上部に建物がある場合、取り合いはどうか？ 42
　コラム2　日本の豊かさのなかで 44

第3章 外壁の確認

- 010 外壁左官のひび割れはないか？ ... 46
- 011 外壁に通気層があるか？ ... 48
- 012 外壁サイディングは指でこすって白くなるか？ ... 50
- 013 外壁の石タイルの浮きは叩いて音をきく ... 52
- 014 外壁の土台水切りの継手が離れていないか？ ... 54
- 015 外壁シーリングの劣化程度はどうか？ ... 56
- 016 換気レジスターは作動するか？ ... 58
- 017 フラワーボックスはぐらついていないか？ ... 60
- 018 外部に見える木部の塗装は劣化していないか？ ... 62
- 019 外部パイプスペースの天端と外壁、基礎の取り合いはどうか？ ... 64
- 020 庇と外壁の取り合いはどうか？ ... 66
- 021 外部基礎に雨漏り跡はないか？ ... 68
- 022 外壁の汚れや藻がでていないか？ ... 70
- 023 玄関ドア・勝手口ドアの開閉を確認する ... 72
- 024 サッシ・網戸の開閉を確認する ... 74
- 025 シャッター・雨戸の作動を確認する ... 76
- 026 外壁からの雨漏りがないか？ ... 78
- 027 壁体内に結露が発生していないか？ ... 80
- 028 外壁と配管・配線の取り合いはどうか？ ... 82
- **コラム3** 雨漏り診断 ... 84

第4章 屋根の確認

- 029 屋根材の劣化状況はどうか？ ... 86
- 030 屋根材の板金は錆びていないか？ ... 88
- 031 屋根材にヒートブリッジはないか？ ... 90
- 032 屋根材シーリングの劣化状態はどうか？ ... 92

033	屋根換気トップの固定と劣化状態はどうか？	94
034	屋根トップライトと屋根材取り合いはどうか？	96
035	軒樋の雨水流れはよいか？	98
036	軒の出が短い住宅は要注意	100
037	フラットルーフのドレン周りとパラペットはどうか？	102
038	屋根からの雨漏りがないか？	104
	コラム4 安全第一	106

第5章　バルコニーの確認

039	FRP防水の表面劣化はどうか？	108
040	バルコニードレンまわりはどうか？	110
041	オーバーフロー管があるか？	112
042	バルコニー掃き出しサッシ下端はどうか？	114
043	バルコニー笠木と外壁の取り合いはどうか？	116
044	手摺壁の換気はあるか？	118
045	バルコニー手摺のぐらつきはないか？	120
046	手摺壁に風抜き穴・段差はないか？	122
047	笠木板金の継手に異常がないか？	124
	コラム5 住宅からの熱の逃げ道	126

第6章　内装の確認

048	床・壁の傾斜の許容範囲は3/1000以内	128
049	フロア木材にささくれがないか？	130
050	床鳴り（1階・2階・階段）はないか？	132
051	床と壁の取り合い幅木下に隙間がないか？	134
052	壁・天井クロスのしわや隙間がないか？	136
053	タイルの目地切れはシーリング処理する	138

054	内部左官のちり切れは左官処理する	140
055	集成材（枠・額縁・笠木）のめくれがないか？	142
056	定期点検に建具の調整はつきもの	144
057	内部に雨漏り跡・結露跡はないか？	146
058	揮発性有機化合物（VOC）の健康被害はないか？	148
059	和室・畳の注意点	150
	コラム6 究極の極小住宅「塔の家」	152

第7章　床下の確認

060	床下点検口・床下物入れの蓋のグラつきはないか？	154
061	床下に給排水漏れがないか？	156
062	床下に結露が発生していないか？	158
063	床下断熱材が落下していないか？	160
064	床下構造に白蟻被害はないか？	162
065	床下換気はできているか？	164
	コラム7 究極の豪邸「落水荘」	166

第8章　小屋裏の確認

066	小屋裏に雨漏り跡はないか？	168
067	小屋裏に結露が発生していないか？	170
068	小屋裏の換気は十分か？	172
069	小屋組構造金物のボルトナットはゆるんでいないか？	174
070	小屋組プレート金物類の異常はないか？	176
071	小屋筋交い・振れ止め施工はどうか？	178
072	小屋裏の断熱材に隙間はないか？	180
073	小屋裏物入れの補強はどうか？	182
	コラム8 プロとアマ	184

第9章　給排水ガス設備の確認

- **074** 給水給湯管の凍結防止対策ができているか？（寒冷地の場合）......... *186*
- **075** 給湯器の水漏れはないか？..*188*
- **076** 雨水設備が汚れていないか？..*190*
- **077** 汚水・雑排水のインバート会所に油が溜まっていないか？...............*192*
- **078** カランを全部閉栓して、水道メーターボックスの針の動きを調べる......*194*
- **079** 散水栓のクロスコネクションに注意..*196*
- **080** ユニットバス・風呂排水は詰まりやすい..*198*
- **081** 便器の詰まりはラバーカップで対応..*200*
- **082** 水洗器具の止水・ストレーナー詰まりを点検..................................*202*
- **083** 排水トラップの異常はないか？..*204*
- **084** 洗濯排水管の接続不良・詰まりはないか？.....................................*206*
- **085** トイレの通気管未設置による排水後のゴボゴボ音はないか？...........*208*
- **086** 浄化槽の定期清掃点検をしているか？..*210*
- **087** ガス器具の作動に異常はないか聞き取る..*212*
- **088** 開放型暖房器具の使用はないか？...*214*
  - **コラム 9**　ブロークンウィンドウズ理論.. *216*

第10章　電気設備の確認

- **089** エアコンスリーブ穴の周りに雨水の浸入はないか？........................ *218*
- **090** 床暖房（温水・電気）の作動はよいか？..*220*
- **091** テレビアンテナ取り付けのワイヤーによる雨垂れはないか？..........*222*
- **092** 24時間換気はスイッチを切らない...*224*
- **093** ソーラー発電機は雨漏りの可能性を高める.....................................*226*
- **094** オール電化のリスク..*228*
  - **コラム 10**　ハインリッヒの法則.. *230*

第11章　外構の確認

095	ウッドデッキなどにより床下換気が阻害されていないか？	*232*
096	扉・フェンスの作動状況・錆びを確認	*234*
097	CB塀のひび割れはないか？	*236*
098	錆びた鉄部の塗り替え時期を確認	*238*
099	タイル・レンガの白華現象はないか？	*240*
100	電気設備の接続に異常はないか？	*242*

おわりに ... *244*
謝辞 ... *245*

序章
なぜいま住宅のメンテナンスか

❶ 日本の住宅の寿命は短かすぎる

◎30年ローンで買った家の寿命が30年⁉

　「住宅ストック更新周期の国際比較」というデータがあります。その住宅を新築してから、解体撤去するまでの平均期間です。データの典拠により数値は異なりますが、右頁のグラフによると、日本の住宅は平均で約30年しかもたないということになります。日本の住宅の寿命は、諸外国に比較して圧倒的に短いのです。アメリカでは約100年です。日本の住宅は木造軸組み工法が多いのですが、アメリカはツーバイフォー工法です。同じ木質系の住宅でなぜ3倍以上も違うのだろうかと思います。

　建物の寿命といっても、物理的寿命としての耐久性・強度の点では大差はないはずです。「家族構成が変わって間取りに合わなくなった」「設備が陳腐化してきた」「もっと性能の優れた家に住みたい」などの「社会的寿命」により、使用可能な建物を解体撤去して新築する場合が多いのでしょう。その結果、平均30年で壊して、建て替えているのです。

　住宅ローンの支払いが終わるまでは、建物の所有者は銀行であり、負債を完済することによって、初めて自分の財産になります。減価償却をする場合の法定耐用年数は、通常の木造モルタル塗り住宅で20年とされています。つまり、銀行ローンの期間よりも法定耐用年数の方が短く設定されています。だからこそ、建物の寿命を延ばさなければならないのです。

◎住宅を使い捨てにしている日本人

　日本人の特性として、新品を好むということがあります。車や電化製品の例でもわかるように、まだ使えるものであっても、買い換えることが多いです。このシステムのなかで育った我々は、リフォームするよりも、解体撤去して新築する方がお得であるという感覚になっています。確かに電化製品などは、修理できるシステムが形成されておらず、修理するよりも買い換える方が安くなりますが、住宅は修理可能であり、要は気持ちの問題です。

　きちんとメンテナンスを行えば、建物は半永久的にもちます。悪いところを補修していけば、建物はずっと使えるのです。劣化した部位だけを補修し、もし補修できなければ、必要なところのみを部分的に取り替えます（設備は当然、取り替えが必要となります）。これを続けていけば、建物の寿命は半永久になります。

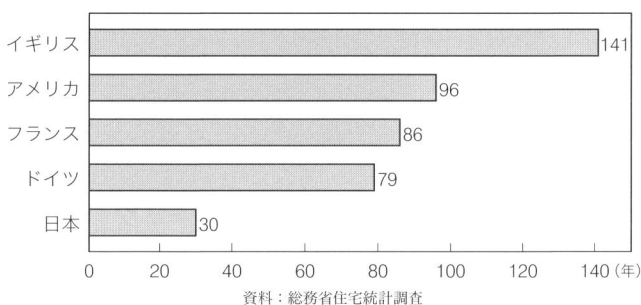

住宅ストック更新時期の国際比較

(出典：建築環境・省エネルギー機構 HP http://www.ibec.or.jp/nintei/kyousei/about/hissu02.html)

　また、住宅を建設する際は、業者にお任せではなく、家族全員が参加しないと、愛着がわきません。愛着のない建物にメンテナンスすることなく住んでも、長く住み続けることは難しいでしょう。日本人は、何千万円もかけて建てた住宅を使い捨てにする世界で唯一の国民であると揶揄されています。世界一長寿命といわれる日本人が、世界一短寿命な住宅に住むとは、皮肉な話です。

❷ ライフサイクルエネルギーを削減する方法

◎エネルギーの無駄使いをしないために

　LCE（ライフサイクルエネルギー）という考え方があります。この考え方は、重要な概念です。人が住む住宅においては、きわめて長期間にわたり、エネルギーが継続して必要となります。

第1段階： 建設前に、アルミサッシなどの建築材料をつくるにも莫大なエネルギーが必要です。
第2段階： 建設工事そのものに、多種多様な材料を大量に使って施工しますから、莫大なエネルギーが必要です。（イニシャルコスト）
第3段階： 竣工後、建築主が生活するうえで、冷暖房・給湯・照明・各種電化製品などのエネルギーが、数十年の間必要です。（ランニングコスト）
第4段階： 建物を解体撤去して産業廃棄物にする際にも、莫大なエネルギーが必要です。

　これらの4段階全部のエネルギーを合計したものが、「ライフサイクルエネルギー」です。これらのエネルギーの合計を最小にすることが、環境にやさしいということになります。ライフサイクルエネルギーを最小にする方法は、たったの一つしかありません。

　それは、**住宅を長く使用すること**です。住宅を長く使用することだけが、唯一の正解です。

　使える建物を全面解体撤去して新築住宅を建てるやり方は、ライフサイクルエネルギーの浪費です。

　いまエネルギーで考えましたが、コスト（ライフサイクルコスト）で考えても結局同じことになります。つまり、建物を長く使用するほど得をすることになります。アメリカ人は、基本的にすべての点で贅沢な国民だと思います。しかし、100年住むという点についてだけは日本人より、はるかに立派だと思います。

◎**「住宅を長く使用すること」は社会的要請である**

　今後は、社会的要請により、今までの日本で普通に行われていた、"30年

　"スクラップ&ビルドシステム"は、崩壊していきます。住宅ローンを常にかかえているサラリーマンは、豊かさを永久に実感できません。
　大量生産・大量消費・大量廃棄型の建物を、無批判に受け入れてはなりません。メンテナンスして、全面解体撤去の時期を先に延ばし、少しでも長く使用しなければなりません。家族構成の変化があれば、条件が変わります。家族の変化に対応できるかが重要です。現状だけではなく、10年先、20年先の状況への想像力が求められます。子どもは巣立ちます。子ども部屋の数だけ物置部屋が増えるかもしれません。
　日本では、江戸時代に、世界でも類を見ない優れた循環型システムが形成されていました。冷暖房の快適さを知ってしまった私たちは、もう江戸時代に戻ることはできません。しかし、日本人には、環境と調和して暮らしてきた伝統的な経験や精神面での土壌があるはずです。
　建物を解体撤去して再建築することなく、メンテナンスして、場合によってはリフォームして、長く住み続けることこそが、社会的要請であり、個人としても得をする結果となります。長期的な視野に立つ必要があるのです。

❸ メンテナンスをすれば家の寿命は半永久

◎スクラップ＆ビルドからストック住宅へ

　これまでのように、30年住宅をスクラップ＆ビルドシステムで建て替え続ければ、一体どうなるのでしょうか？

　我々は常に住宅ローンの残っている住宅に住むことになります。この意味するところは、サラリーマンが永久に豊かさを実感することができないということです。ローンが終わったとたんに建て替えの時期がやってきて、すぐに新しいローンが始まるのですから。サラリーマンの人生は、1軒の家を残して終わりとなります。ついでに残債も残ることでしょう。子ども世代も同じことの繰り返しになります。

　確かに、住宅会社はこのやり方で恩恵を受けてきました。しかし、このやり方は、住宅会社にとっては良いことかもしれませんが、世界でも類を見ない急激な人口減少が起こりつつある日本のなかで、長続きするものではありません。なにより、主役であるべき建築主の幸せにつながりません。**住まいをつくる目的は、住宅を建てることそのものではなく、「家族の幸せ」を実現することなのです。**

　30年住宅の2倍の60年住宅、あるいは100年住宅をストックとして建てれば、1年あたりの建設コストは大幅に低減します。居住コストも大幅に低減します。最近は200年住宅という言葉も頻繁に聞くようになり、好ましい傾向だと思います。それは"ライフサイクルエネルギー"の低減につながり、地球環境問題の解決にも大いに貢献します。

　今後は、フローではない「ストック住宅」の建設を目指さなければなりません。世界一長寿命の日本人は、世界一長寿命の住宅に住む権利と義務があるのはないでしょうか。住宅において、建物としての長期保証が社会的に要求されるようになってきました。2000年4月に施行された、「住宅の品質確保の促進等に関する法律」（品確法）により、"構造"と"雨漏り"の保証期間が10年となりました。本来は、建築主が適正なメンテナンスを適時に継続して行えば、住宅は10年どころか、もっと長く使用できるものです。住宅は耐久消費財として考えるべきではなく、社会資本として考えるべきものなのです。

◎建築主に対して適正なメンテナンスを提案することが技術者の使命

　住まいは「第3の皮膚」とも呼ばれており（第2の皮膚は衣服）、人の健康・生活に大きく影響を及ぼす基本的なものです。その大切な住まいについて、建築主に対して適正なメンテナンス提案をすることが重要です。

　健康な人でも時には病気をします。病気になる前には「気分が優れない」「頭が痛い」「微熱がある」などの予兆がありますので、それらを察知し、その病気が酷くなる前に、病院に通って治します。

　しかしながら、住まいについては、不具合現象を察知しても、放置することが多いというのが現実です。補修コストがかかる、業者との交渉が面倒くさいなどの理由をつけて、放置してしまいます。その結果、さらに酷くなり、より多くのコスト、より多くの工期、より多くの手間がかかります。早期に対応すれば、住まいを長持ちさせることができるのです。

　建物を見て、ユーザーが納得できる適切なメンテナンス提案をすることが、技術者に対する社会的要請であり、使命です。ここに技術者の活躍の場が広がっているとも言えるでしょう。

4 これから拡がるリフォーム市場

◎「30年住宅」は「短期住宅」だった

　住宅ローンの支払いがなくなれば、豊かさが実感できるようになり、リフォーム工事も増えてきます。そして、長期優良住宅が増えていくと期待しています。地盤調査に基づいて基礎構造をしっかりとしていれば、あとの部分が多少傷んでいたとしても、建て替えまでは不要です。メンテナンスとリフォームにより、次の世代に受け継ぐ建物にできます。ただし、建物を長く活用するという「住まい手の思い」がなければ、壊して建て替えされる結果になってしまいます。

　『建築工事標準仕様書』の中に、鉄筋コンクリート造建物の耐久性の考え方として、構造体の計画供用期間というものがあります。

計画供用期間の級	計画供用期間
短　　期	30年
標　　準	65年
長　　期	100年
超長期	200年

　上記の表のように、最近「超長期」という考え方が追加されました。構造体は違いますが、住宅にもこの考え方は応用できます。適切なメンテナンスとリフォームをすれば、十分に可能な期間と言えます。

　今までの短期的視点を止めて、せめて標準的視点、できれば長期や超長期的視点を持つべきです。「30年住宅」は、「短期住宅」だったのです。短期住宅を建て替えていくよりも、長期住宅をメンテナンスとリフォームを行いながら活用するということが、世のなかの流れとなり、リフォーム市場は拡大していくでしょう。

◎増える続ける空家と高齢者

　図1、図2によると、外国と比べて日本における既存住宅の売買やリフォームが少ないことは事実ですが、これから少しずつ増加してくると予想します。

　図3は、総務省「住宅・土地統計調査」による日本の空き家率のグラフです。空き家は、飽和状態をはるかに上回って、大幅な余剰と言えます。2008年には、総住宅数5759万戸に対して、約756万戸の空き家を抱えており、

空き家率は約13.1%です。少子高齢化による人口減少が進み、近い将来に空き家率は30%という事態になることが予測されています。ここまでくると、あえて新築しなければならない理由を考えるべきです。

高齢者を狙った悪徳リフォームがしばしばニュースになっています。高齢者だけで工事管理することは難しいため、本来専門家に相談すべきところですが、「ソフトに金をかけたくない」という気持ちが、大きな損害を招いているのです。高齢社会・ストック時代を迎え、メンテナンスとリフォームの重要性は高まっています。

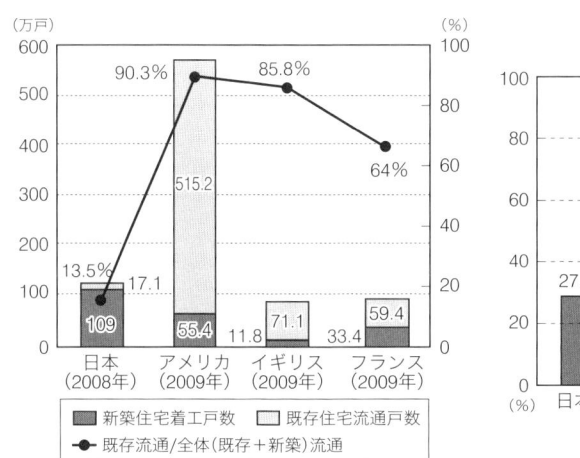

図1 住宅流通市場における既存住宅の割合

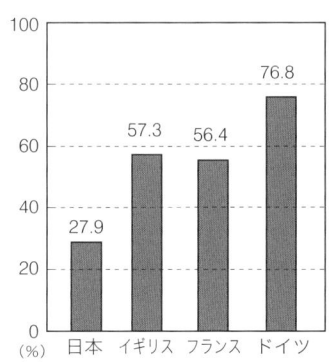

図2 住宅投資に占めるリフォームの割合

（出典：国土交通省「中古住宅流通促進 中古住宅流通促進・活用に関する研究会」参考資料、2013年6月、http://www.mlit.go.jp/common/001002572.pdf）

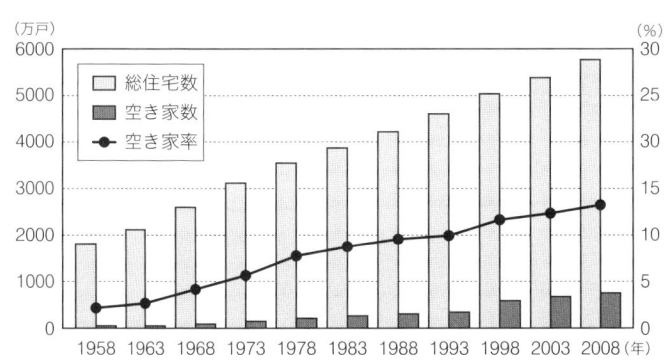

図3 総住宅数、空き家及び空き家率推移

（出典：総務省統計局 HP http://www.stat.go.jp/data/jyutaku/2008/10_1.htm）

5 住宅メンテナンスのアドバイザーになろう

◎住宅メンテナンスは「家検」

　人は年に1回、健康診断を受けます。このシステムが国民の健康を守っているのです。クルマについては2年に1回の車検制度が確立されています。日本の車検制度は、諸外国と比較して厳しすぎるとの批判もありますが、安全第一でうまく機能しています。

　住宅も、命と財産を守る重要なもののはずですが、家検制度は存在しません。地震・台風、雨漏りなどへの対応も入居者にお任せとなっています。定期的な点検制度もありません。住宅会社が独自に設定していますが、どうしても次の仕事を受注することが目的になりがちです。

　本来は、10年に一度でも、家検制度があって当然と考えます。家検制度がないことにより、構造体がシロアリに食われたり、腐ったりして、災害に耐えないほど強度が低下している場合があります。外見は問題なく見える建物であっても、内部で損傷している場合もあります。

　日本国内では、どこでも大地震の発生する確率がありますから、放置された家は、大きな被害を生む可能性があります。大地震発生後の被害状況をみますと、多くの建物が全壊・半壊しています。健全な建物の被害がゼロだったとは言えませんが、大きな損壊はありませんでした。倒壊した建物の多くには、シロアリの害も多かったです。傷んでいるという事実を知らずに放置していたのです。メンテナンス不良が原因で、全壊・半壊につながっていることも多いと想像できます。

　建築基準法は新築時の強度を規制していますが、大地震発生後に厳しい方向に改正されることがよくあります。建築ではルールがよく変わりますが、変わった場合、「既存不適格建物」として、特に現状の建物に影響を及ぼすことはありません。過去に正しかったものには、新しい基準は及びません。メンテナンスの基準もありません。メンテナンスしなくても罰則規定はなく、自己責任ということになります。建物は通常であれば、人を傷つけませんが、大地震発生などの場合には、傷つけることになります。

　住宅メンテナンスのアドバイザーは、家検制度のない住宅の分野で、世の中のお役にたてるものです。入居者の多くは、建物について知識もなく、適正な判断がしにくい状態に置かれています。経験のある住宅技術者がサポー

トすることによって、適正な判断が可能となります。技術者は、世の中の役にたつという視点を外してはならないものです。建築主が満足している顔を見ることは、技術者にとって、最高の喜びです。多くの喜びを味わうことが、技術者としての豊かな人生につながるのです。

◎**建て替えは最後の選択肢**

　住宅会社によっては、メンテナンス担当者に対してノルマを課す場合があります。メンテナンス部門へのノルマの設定は、本来馴染まないものと思います。この場合、ノルマを課せられた人は、当然、金額が増える仕事を建築主に提案することになります。場合によっては、建て替えを提案することになります。技術者が、メンテナンス・リフォームすることなく、建て替えしたいという思いがあれば、その方向に話を進めてしまいます。その意図は、自然に建築主に伝わります。

　メンテナンス不能で、建て替え以外の選択肢がないというほどの酷い状態は、めったにありません。建物はメンテナンスを繰り返せば半永久的にもつということは前述した通りです。建物の寿命は、「いつまでもつか」ではなく、「いつまでもたせるか」という入居者の意思によって決まります。現状の建物の劣化状況に対して、最も適正な提案があるはずです。建て替えは最後の選択枝なのです。

住宅に関わる技術者は、住宅メンテナンスのアドバイザーとして活躍できる時代が来ています。建物の状態を適正に判断して、時間をかけて、十分な説明を建築主に行いましょう。半永久的に持つはずの建物を、いたずらに解体撤去して、再度新築する必要はありません。ただし、十分に納得した上での建築主の結論が「建て替え」になるかもしれません。その判断は尊重されなければなりません。結論は建築主のみが出すことができます。

◎**必要なのは知識・技能・意欲とブレーン**

　住宅業界の技術者の中には、シルバー世代になり、会社を退職する人が多くいます。仕事を通じた経験によってせっかく培った知識と技能を持ちながら、うまく活用できていないことも多く、もったいないと思っています。住宅メンテナンスのアドバイザーは、肉体労働ではないので、体力は衰えたけれども経験と意欲のある高齢者にも向いている仕事です。

　建築主のなかには、新築から30年前後経てばそろそろ建て替えの時期であると信じて疑わない人もいます。住宅のメンテナンスに関わる技術者は、建築主自身の住宅に対する考え方を啓蒙する必要があります。

　もちろん、人に啓蒙する前に、自身の技術者としての**住宅メンテナンスに対する知識と技能と意欲**をしっかりと持たなければなりません。現場では、**アタマとウデとヤル気**と言います。技術者にとって、意欲はまず一番の必要条件になりますが、それだけでは十分条件ではありません。

　現場の劣化状況に応じた適正な対応策を提案しなければなりません。そのためには経験に裏づけされた知識と技能が必要ですが、建築の分野は幅広く、一人ですべてがわかる人はいません。勉強は必要ですが、すべて自分が、その場で結論を出す必要もありません。自分なりのブレーンを確保しておけば良いのです。その場で即答しなくても、様々な相談先をもっておけば、後日適正な提案をすることが可能となります。メンテナンスやリフォーム工事には、建物の新築より難しい点も多く、ブレーンの確保は必須条件となります。

第1章

敷地の確認

001 排水溝まわりに亀裂や陥没はないか？

◎**まず敷地を確認する**

　メンテナンスの定期訪問時には、まず敷地の全体像を把握します。入居者に会う前に、ある程度の敷地の把握を行います。3ヶ月、6ヶ月、1年目、2年目、3年目、5年目、10年目点検などがありますが、いつでも必ず、敷地全体を自分の目で把握します。技術者にとっては、**現実に現場で現物を見るという姿勢が重要**です。これを"3現主義"といいます。

　入居者に会う前に、まず敷地確認です。点検には、感受性が必要です。いかに気づくかに時間をかけます。急いで入居者に会う必要はありません。効率を求めて時間を節約してはいけません。優秀な人であっても、すぐに100％気づくことはありません。約束の時間には余裕が必要となります。次の約束の時間が2時間後というのであれば、十分な点検ができるわけがありません。入居者に対して失礼なことです。

◎**排水管まわりは陥没しやすい**

　敷地周辺の排水溝や、敷地の排水管の位置、浄化槽の周辺が陥没している場合があります。建設工事期間中に地面を掘り返して排水管を埋めますから、盛土状態になっており、沈下するのは当然です。ひどいときには排水管まわりに空洞ができます。地面の下に空洞があることは、良いことではありません。本来なら十分に転圧（締め固め）して、密な状態が良いわけです。

　時間の経過とともに、地盤は落ち着いて、沈下することはなくなりますが、**落ち着くまでの数年間は沈下が続きます**。沈下量は多くはありません。工事中に十分な転圧がされれば良いのですが、職人により、バラつきます。丁寧な施工がされにくいところなのです。

　排水管が沈下すると、配管勾配が変わって水が流れにくくなり、逆流することもあります。内径100mmの排水管の最小勾配は逆数の1/100（管径により1/50～1/200程度）で、この緩い勾配で排水の流れを確保しているため、少し勾配が変わるだけで水は流れなくなり、水溜りができてしまいます。

◎**点検のポイント**

　時々排水会所（掃除口）の蓋をあけて、排水に異常がないかを点検する必要があります。本来は入居者が自己責任で行うべきものですが、多くの入居

者の方は、現実には管理しません。メンテナンス担当者が定期点検時に確認しますが、一応、入居者に時々あけて点検するように言っておきます。アドバイスすることが肝心で、サービス提供になります。

　排水管は塩ビ製品を使うことがほとんどです。接続箇所も少なく、接着剤で施工されるため、あまり問題化しません。古い建物では、土管の場合があります。土管のジョイント部分の接続は、モルタルで巻いているだけで、そこから植物の根が侵入している場合が多く、詰まりの原因になりますので、点検をしっかりとします。

　点検により異常がある場合には、補修工事を行いますが、その際にはまわりの土の転圧を充分にします。"水締め"といって、砂を入れてから、水を撒くと、ぐっと締まります。時間の経過とともに、地盤は徐々に落ち着きますから、さらなる沈下の進行は少ないと思われます。

　敷地の周囲に、側溝が設置されている場合、それは雨水を流すためのものです。側溝もよく見ると、段差や勾配異常が見受けられることが多いです。側溝の下は転圧が不十分で、コンクリート製側溝を置いただけという場合もあります。時間の経過とともに、不具合箇所は明らかになります。補修すれば、問題は解決し、その後は落ち着いた状態になります。

002 建物基礎取り合い部に亀裂や陥没がないか？

　建物基礎と地面の取り合い部に亀裂や陥没が見られることがあります。工事中に基礎を施工する際、掘り方を行い、基礎の完成後に埋め戻すのですが、盛土の状態ですから、沈下がおこるのも当然です。工事後に十分な転圧を行っても若干の沈下は起こるものです。

◎基礎周囲の犬走りは要注意

　基礎周囲に犬走り（土間コン）を施工すると、盛土状態の軟弱地盤の上に土間コンを施工した状態になり、ひび割れや、基礎と土間コンの取り合い部に隙間が発生することになります。したがって、外構工事に犬走りが含まれる場合には、要注意です。犬走りが工事契約に含まれていない場合には、時間が経過して落ち着いてから施工する方が良いかもしれません。犬走りの下部には給排水管の施工もあり、沈下の可能性が大です。「十分な転圧」と一言で言いますが、現実には短時間で落ち着いた状態にすることは難しいのです。

◎勝手口の踏み段と基礎の間には隙間ができやすい

　勝手口の踏み段にも陥没がよく見られます。踏み段のコンクリート架台と基礎立ち上がりの取り合い部に隙間ができるのです。1cm以上の隙間も珍しくありません。建物本体の外部に出た踏み段ですから、主要な構造体ではありませんので、構造上は大した話ではありません。しかし、よく入居者からクレームが出ます。

　踏み段がモルタル仕上げの場合は、まだ補修しやすいのですが、高級なタイル仕上げをする場合、補修がやりにくく困ります。

　基礎踏み段が遊離しないようにするためには、二つの考え方があります。一つはより強固につなぐことです。もう一つは、最初から一体化させずに基礎と縁を切っておくという方法です。

　頭の良い人が、この不具合を防止するために、鉄筋でつなぐことを考えました。建物本体の基礎の立ち上がりコンクリートに施工する鉄筋から外側に向けた鉄筋を余分に配し、それを垂直に折り曲げて、型枠に接触させておきます。型枠解体後、鉄筋を曲げ戻して、踏み段の内部の配筋と接続させます。基礎と踏み段が一体化して遊離しませんので、めでたしめでたしとなります。発想は良かったのですが、これは基礎立ち上がりの鉄筋のかぶり厚が確保で

基礎と地面の取り合い

▶外部の土が下がって、基礎の下部が露出しています。

勝手口踏段の遊離

▶勝手口の土間コンと基礎本体が離れて隙間があいてきました。

きないために、違反となります。その理由は、折り曲げた型枠に接触させた鉄筋の厚み分が目地となってしまい、かぶり厚を目地底から計らなければならなくなるからです。かぶり厚さは最も条件の悪いところで計測することになっていますので、この方法は不可となります。

正解は、基礎立ち上がり部に"ホールインアンカー"を施工することです。

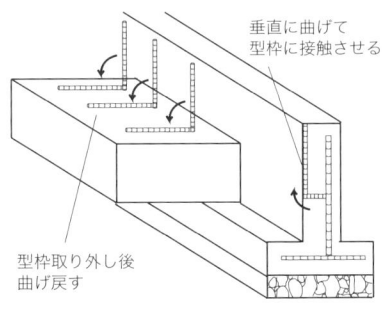

基礎と踏み段を鉄筋でつなぐ案（違反）

ホールインアンカーとは、基礎コンクリートにドリルで穴をあけ、鉄筋を差し筋して、固定するものです。この鉄筋を踏み段の配筋と連結します。これが無難な施工方法となります。通常はこの鉄筋が施工されていないため、踏み段と基礎の間が離れていくのです。

◎亀裂や陥没の可能性を事前に説明しておくことの重要性

亀裂や陥没は当然起こる現象とも言えますから、あらかじめこのようなことが発生する可能性もあると説明しておくべきです。現実には、不具合現象が発生してから、その理由を説明することが多いのですが、入居者の納得を得ることは困難です。事前に説明があれば問題化しません。1から10まで全部説明ができるわけもありませんので、難しいところです。

003 擁壁に沈下・割れ・傾斜がないか？

◎擁壁の近くは盛土のため異常が出やすい

　敷地の周囲に、鉄筋コンクリート製の擁壁がある場合には、その状態を確認する必要があります。擁壁には多くの種類がありますが、沈下、ひび割れ、はらみ、傾斜、排水口の位置と数量などを、定期点検時に確認しておきます。擁壁の構造は、鉄筋コンクリート製が通常ですが、150mm厚のブロックで、1m高さまでの擁壁にしている場合もあります。高さが低くても、強度上は心配です。異常がある場合であっても、ただちに危険な状態になることはまずありませんが、経過観察が必要です。変位が進行しているかが問題となります。

　建物という大きな荷重（通常の2階建て住宅で約 $2t/m^2$）が、いままでなにもなかった敷地に、新たに追加されたわけですから、条件が変わったことになります。条件が変わると、変化がおこる可能性があります。

　建物の不同沈下など、地盤に異常がある場合、擁壁にも異常の芽が発見されることがあります。擁壁の近くは、安定した地盤である切土ではなく、不安定な盛土となりますから、異常が出やすいところです。住宅団地でよく見るひな段式造成地では、周辺の建物も施工は同じやり方ですから、確認しておくと異常を知る上で参考になります。古い造成地で、建物が建たずに放置されている場合などは、昔は規制が緩かったため、施工レベルが低い場合もあります。

　盛土は地盤が安定していませんから、切土と比較して、強度はいかなる場合も不良になります。他の敷地で擁壁の異常が発見されれば、可能性が高まります。

　地下水位や雨量も影響します。雨のときに擁壁の水抜き穴を見ると、勢いよく水が流れていることがあります。かなりの量の水が、擁壁の裏側に浸透していることになります。その水が滞留すると、擁壁に悪影響を及ぼすことになります。

◎建物と擁壁は保証条件が異なる

　住宅を建設する際には、敷地ごとに地盤調査を行い、その地耐力に応じた適切な基礎補強を必ず行います。建物の不同沈下などの構造面に対しては、

擁壁の隙間①

▶擁壁のジョイント部分の目地に隙間があいてきました。進行中なら、検討を要します。

擁壁の隙間②

▶擁壁のジョイント部分の隙間に、大きく段差がついてきました。

擁壁の水抜き穴

▶擁壁には水抜き穴が必要です。3m²以内に内径75mmのパイプを入れます。

擁壁下部と地面取り合い

▶擁壁の下部に穴があいています。古い造成地では見受けられます。

10年間の長期保証をつけることになっています。ただし、これは、「住宅の品質確保の促進等に関する法律」（品確法、2000年4月施行）によりますから、古い建物では、保証期間が短くなります。契約書に添付されている保証書などの約款を個別に確認しなければなりません。

　建物の主要構造部には、10年間という長期の保証がありますが、擁壁に対しては保証条件が異なります。また、擁壁には特別の補強を施さない場合もあります。すべてが10年保証と勘違いしている入居者も多いため、建物と擁壁は保証条件が異なるということを説明し、認識していただく必要があります。

004 敷地の地耐力は問題ないか？

◎地耐力調査とは

　最近は、すべての宅地において、**必ず地耐力調査を行ってから**、基礎補強を計画します。古い建物では、地耐力調査そのものがなされていませんでした。住宅会社により、ある時期から実施されています。それでも当初は、近隣の調査データがあるからといって、その敷地の地耐力調査を省略していたこともありました。地耐力調査の費用を削減するためです。将来問題が発生した場合には、困ることになります。わずかのお金を惜しんで、大きな損害を被ることになります。**その現場のためだけの地耐力データが必要**なのです。

　住宅現場の地耐力調査は、"スウェーデン式サウンディング"という簡易工法を採用することが通常です。建物の4隅と中央の合計5ポイントの測定データをとることが多く、結果が簡単に出て、コストも比較的安いため、ほとんどの住宅現場で採用されています。本格的な調査を求める場合には、"標準貫入試験（ボーリング）"を行いますが、住宅では、建設費全体に占める調査費用が高くなり、信頼性はあるものの、特別な事情がない限りめったに行いません。支持層の深さが深い場合には、スウェーデン式サウンディングでは信頼度はありませんので、標準貫入試験が採用されます。

　地耐力調査のデータは、建物に実施された、現実の基礎補強とセットになるものですが、ここでは地耐力について説明します。通常の布基礎で問題がないときの地耐力は $5t/m^2$ 以上です。$5t/m^2$ 未満の地耐力では、ベース幅の拡幅、地盤改良、杭施工など、何らかの基礎補強がなされます。**大体85％以上の敷地では、何らかの基礎補強がなされます**。建築主が、住宅会社の提案する基礎補強工事を拒否すれば、住宅会社は建物の構造体10年保証を行いません。

　基礎補強が不要という強固な地盤はほとんどないというのが現実です。また、基礎補強は、行わないという選択肢がないことから、建築主として、お金を出さざるを得ないところと言えます。過剰な基礎補強設計であってはいけませんが、少し安全側の妥当な提案が必要です。

　現場の地耐力に見合わない基礎であれば、将来に不同沈下などの問題が生じる可能性が高まります。万一発生したら、建築主も住宅会社も双方ともに

▶住宅を建設する際の最重要ポイントが、その現場の地耐力に応じた基礎補強を確実に実施することです。不同沈下と雨漏りさえ防ぐことができ、メンテナンスが適切に行われれば、建物はきわめて長期間にわたって、耐久性を確保することが可能となります。

困るのです。

◎メンテナンス担当者も地耐力調査の内容を把握しておこう

　地耐力調査は、新築段階での話ではありますが、メンテナンス担当者としても、現場ごとの地耐力調査の資料は、大まかに理解しておいた方が良いと思います。メンテナンス段階では、関係ないといえばないのですが、技術者としての、構造判断や入居者対応に、参考資料として使えます。

　問題のない場合であっても、「ここの地盤は強いですから」という話題があると、信頼度も増すというものです。事務所に帰って聞けば済むことではありますが、メンテナンス担当者は、技術者としての自分の値打ちを高めていってほしいものです。

Global Rich List

　インターネットのなかに、"Global Rich List"という英語のサイトがあります（☞ http://www.globalrichlist.com/）。
　自分の年収をドルで入力すると、実際に地球上の人口60数億人のなかで、自分が何番目の金持ちか教えてくれます（物価や為替変動の調整はされていません）。
　年収4万ドルを入力すると、
　　　　You're in the TOP 0.51% richest people in the world!
と表示されます。
　稼ぎの多い人のトップから、0.5%ということになります。日本のサラリーマンは凄いのです。通常は、何においても、競争して、トップから0.5%のなかに入ることは、きわめて難しいです。
　年収1080ドル（月収ではありません）を入力すると、
　　　　You're in the TOP 49.86% richest people in the world!
と表示されます。
　この年収が、ほぼ真ん中となります。これが世界の現実です。世界からみると、とりあえず実感は別として、普通の日本人は、こんなにも裕福なのです。
　恵まれているはずの日本人には、人生の豊かさを感じることができる方法や考え方があるはずです。人生の大きな節目となる住宅建設においても、豊かさや幸せを感じることができる方法や考え方を知っておきたいところです。
　住まいづくりの目的は、家族の幸せを実現することです。せっかくの住まいづくりが、家族の幸せにつながらないのであれば、どこかに間違いが隠れているはずです。建物寿命と住宅ローンの期間が同じとされていたことに疑問がもたれなかった時期はありましたが、時代は変わっていることに気づかなければなりません。

第 2 章

基礎・土間の確認

005　基礎全周のひび割れはないか？

　敷地の点検の後は、建物の外周部から確認していきます。まず、不同沈下などの異常がある場合には、基礎にひび割れが入る可能性が高いです。ただし、不同沈下がある場合であっても、基礎はある程度動きに追随しますので、軽微であればひび割れの入らないこともあります。基礎コンクリートの仕上げとしては、コンクリート打ち放し仕上げ、モルタルハケ引き仕上げ、モルタル櫛引き仕上げ、樹脂で仕上げる場合もあります。

　コンクリートのひび割れを放置すると、二酸化炭素や水分が浸入し、pH12.5のかなりの強アルカリ性から徐々に中性化が進行するため、耐久性の観点から好ましくありません。**中性化現象は、炭酸ガスとの反応による劣化現象であり、コンクリートの圧縮強度の低下はありませんが、鉄筋の発錆条件と**なります。アルカリ性のなかの鉄筋は錆びませんが、中性化すると錆びが始まるので、耐久性に悪影響を及ぼすことになります。

　基礎コンクリートのひび割れの原因は、主として、**不同沈下**などによる**構造的なひび割れ**と、**乾燥収縮**によるひび割れが考えられます。

◎**不同沈下による構造的なひび割れ**

　不同沈下などの構造的なひび割れについては、めったに発生しませんが、その場合には、これ以上の不同沈下を発生させないことが重要です。薬液注入工法やアンダーピニングと呼ばれる工法により、建物下部の地盤を固めて、現在以上の沈下の進行を防ぐことが可能です。その後に沈下修正工事を行いますが、これは話が大きくなりますので、住宅会社をあげて対応する必要があります。

◎**乾燥収縮によるひび割れ**

　通常のひび割れのほとんどが、乾燥収縮によるひび割れです。コンクリート（成分は水＋セメント＋砂＋砂利）のような、水を使う湿式材料である以上、必ず乾燥収縮を伴い、ひび割れの可能性が高くなります。コンクリートのひび割れのほとんどが乾燥収縮によるもので、通常に発生する現象であり、特殊な事例ではありません。通常、地面よりも下の部分は土による湿潤状態であり、乾燥しにくいため、ひび割れは少なくなります。コンクリートの乾燥収縮が落ち着くには、数年かかると言われていますので、水分が抜けきる

には、時間が必要です。

基礎の乾燥収縮によるひび割れの発生は、次のようなメカニズムになります。基礎部には、人通口（点検口）が設置されており、基礎の上部は、その通風による乾燥が促進される状態となります。基礎上部が乾燥収縮するのに対し、基礎下部は直接土に接しているので、乾燥収縮をおこしにくい状態です。この基礎の歪みの差によって、ひび割れが入ることになります。そのひび割れの入り方は、**基礎立ち上がり部の上部から垂直に入ります。上部のひ**び割れ幅は太く、下部に進むにつれ、ひび割れ幅は細くなります。上図のような入り方が**典型的な乾燥収縮ひび割れ**です。

ひび割れの間隔は基礎の高さと同じくらいとなることが多い

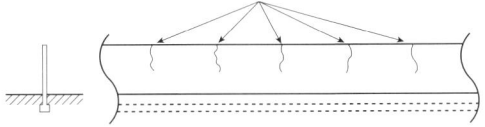

コンクリート基礎のひび割れの例（荒川治徳『建築トラブルにみる常識非常識』（学芸出版社、2004年、59頁）

▶ 1階の連窓下の腰壁もこのような状態になる

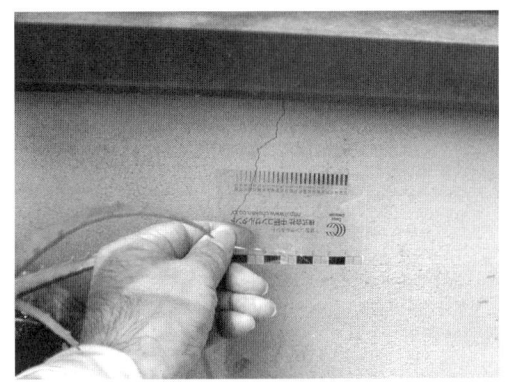

クラックスケールでひび割れを計測

現在では、住宅の基礎は鉄筋コンクリート製とすることになっています。昔は、無筋コンクリートだった時代もあります。コンクリート材料は水を含む湿式材料であり、湿式材料の特性上、必ず乾燥収縮を伴います。つまり、ひび割れが発生する可能性が高いということです。一切のひび割れを許容しないならば、そもそも建築の材料としてコンクリートの使用は不可能ということになります。コンクリートの圧縮強度や耐久性を確保するという前提条件で、多少の乾燥収縮によるひび割れの発生については、許容が必要です。

ひび割れがまったく発生しないコンクリートをつくることは難しいですが、発生しにくくすることは可能です。施工性の許す範囲内ですが、水分の少ない硬めのコンクリートが品質の良いコンクリートです。水分の多いコンクリートは、シャブコンと呼ばれて、バカにされます。当然、圧縮強度も低く、ひび割れも増加します。

006 基礎上部の通りに不同沈下の可能性はないか？

◎基礎の通りを確認する方法

外部から基礎の高低差の通り（水平かどうか）を見ることは難しく、実際は土台水切りの高さを見ることが通常です。外壁仕上げがサイディングの場合には、必ず最下部に土台水切りがきます。外壁の仕上げが左官工事の場合には、土台水切りのない場合が多く、基礎と外壁の仕上げの取り合いで見ます。地面近くで水平を目視しやすいところは、他にはありません。

厳密に言えば、土台水切りも、外壁職人が現場で取り付けるわけですから、完全に誤差のない水平ではありませんが、ほぼ水平という解釈です。この段階では、"レベル"という機械を使わずに、あくまでも目視です。万一の異常があれば、後日レベルで計測して、やはり異常がある場合には、不同沈下の可能性がありますので、個別対応が必要となります。

体をしゃがめて、土台水切りのコーナー部から、平行に覗きます。同じ場所で、2方向確認できます。たとえば、東北角と南西角の2ヶ所で観察すれば、4周が確認できたことになります。実際は障害物もあるでしょうから、位置は増えます。

慣れない間は、少し難しい作業ですが、ぜひとも繰り返してください。建築の技術者にとって、水平と垂直に対する感覚は重要です。水平と垂直の規準は、品確法により、3/1000以内では、瑕疵の可能性があり、6/1000で、瑕疵の可能性が高いとされています。これらの数値は、裁判など、出るところへ出た場合の話です。施工者側として、**通常の現場施工では、1/1000以内を許容範囲**としています。誤差がゼロであることはありません。

◎住宅の不具合は、生活者が知っている

住宅建物には、材料誤差と施工誤差、さらに乾燥収縮、温度差による収縮、地震・強風による水平力、車両交通による揺れなどがあります。建物は常に動いているのです。経年劣化もあります。

建物の不具合は、基本的に入居者が最も早く気づきます。現実に生活して、掃除をすればわかります。なお、不同沈下の場合には、建物に症状が出ます。建具の開閉不良や、フロアにビー玉が転がるなどです。ひどくなると、生活に違和感を覚えるようになり、通常の生活ができなくなります。三半規管に

レベルで建物の傾きを検査中

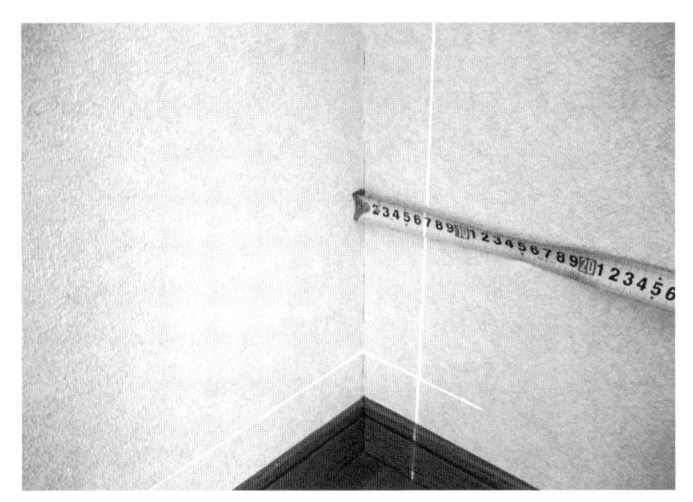

自動レベルで室内の水平・垂直誤差を測定中

異常をきたすことになり、酔った感じで、気分が悪くなります。

　住宅会社のメンテナンス部門の担当者は、プロではありますが、そこで生活していないために、気づくことはできません。よく入居者から、プロとしての適切なアドバイスがないとお叱りを受けることがあります。プロといっても、その場所で、生活してみないとわからないことも多いのです。現実に入居者が生活していて、まったく気づかないということは、大きな不具合ではないことが多いです。

007 どのような基礎補強が実施されているのか？

◎地耐力調査データを見る際の注意点

　住宅では、スウェーデン式サウンディング調査のデータから、適正に判断された基礎補強が行われているはずです。基礎補強は外観からはわかりませんので、点検する住宅にどのような基礎補強がなされているのかを調べておきます。古い建物では地耐力調査そのものを行っていませんから、標準的な布基礎なりベタ基礎なりにしています。大抵は問題は起きていませんが、資料なしで、経験と勘と度胸でエイヤーと決めたわけで、信頼性はありません。

　原則として、地盤の支持層まで到達している杭補強を行えば、不同沈下することはありません。それでも不具合が起こる背景には、設計判断のミスか施工のミスがあります。地面の下は直接眼で見ることができないため、サウンディング調査を行った複数のポイント全体を見て判断するのですが、ガラなどの地中障害物があると判断に迷います。補強するかどうかについては、通常は安全側に判断することになりますが、スウェーデン式サウンディング調査だけでは判断しにくいことも多く、不同沈下したからといって必ずしも設計判断のミスとは言えないと思います。ただ、後から結果的に不同沈下した場合、再度地耐力調査を行って確認することになりますが、異なったデータになることもあります。結果が出てから判断するわけで、スウェーデン式サウンディング調査の限界かもしれません。住宅現場では、建築主の予算の都合により精度の高い標準貫入試験を実施しないことがほとんどのため、このような問題も発生する可能性が残ります。

◎基礎補強のデータをメンテナンスの判断に活かす

　地盤調査のデータがうまく測定できず、ガラに当たって貫入できなかったため、実際は地耐力がないにも関わらず地耐力があると判断されたケースがあり、結果は不同沈下となりました。杭を施工していても、途中で地中の障害物に当たって、杭が止まってしまっていて、不同沈下したケースもありました。支持層が深すぎて、経済的に杭施工が難しい場合もあります。建物下部全体に地盤改良を施工して支持層に到達させずに浮かす場合もあります。

　メンテナンス担当者としては、その現場で実施された基礎補強がわかれば、判断の資料になります。

地盤固化材を散布

▶ 地盤固化材と現地の土を混合攪拌して固化し支持層までの杭をつくる方法は、住宅現場の基礎補強において多く採用されています。杭が障害物にあたって貫入不能となり、不同沈下につながることもあります。

掘削長の確認

▶ オーガーは地中にあって、技術者が直接目で確認できませんので、支持層に確実に到達しているかがポイントになります。現場では、支持層の深さを認識し、掘削長さを確認することが欠かせません。固化材の量も確実に確保しなければなりません。

検尺

▶ 杭が支持層に到達していたら、不同沈下問題は生じません。現場では工事担当者が常駐しませんから、部分的な目視確認か報告書による確認となります。トラブル発生時のため、サンプル杭だけではなく、すべての杭についての記録が必要です。

008 土間コン仕上げの「浮き」は叩いてチェック

◎「浮き」の原因と見分け方

　玄関ポーチやテラスなどの、土間コンクリートの仕上げとして、タイル・石・モルタルコテ押さえなどを行います。それらの仕上げ材が、下地コンクリートと接着せずに、浮く場合があります。原因としては、下地の水湿しが不十分であると、**本来の硬化に必要な水分が下地に吸収されてしまう"ドライアウト"**と呼ばれる現象があります。あるいは夏場の高温や、風の強い日の急激な乾燥など、気象条件も原因となります。

　アスファルト防水をしたバルコニーの保護押さえに、モルタルを施工する場合にも、よく見られる現象です。1ヶ所も浮いているところがない場合には、むしろ運がよかったといえます。

　一度浮いたものは、勝手に再接着しませんので、張り替えせざるを得ません。様子を見るといって、先に延ばしても意味はありません。

　見分け方は、手でノックするように、コンコンと土間を叩けば、音が異常ですから、すぐにわかります。実際は"テストハンマー"と呼ばれる、棒の先にパチンコ玉のようなものをつけたもので"打音検査"します。浮いていない部分と比較すると、音がまったく異なります。この現象は比較的早期に発生する現象と言えます。主要な部位ではないため、保証期間は通常2年ですが、それまでには判明するのが一般的です。

◎「浮き」はひび割れにつながる

　浮いた状態を放置すると、やがてひび割れが発生します。モルタルなどの水を使用する材料を湿式材料と言いますが、湿式材料は、乾燥収縮によるひび割れが必然的に起こります。ただし、どの箇所に、ひび割れが発生するかは事前にわかりませんので、誘発目地を設けて、その箇所にひび割れを限定させる計画もあります。当然に発生する、ひび割れの設計です。

　ひび割れは見た目に印象が悪く、それだけで「欠陥住宅」と呼ばれる場合もあります。事前にひび割れの可能性を入居者に説明しておくべきです。浮いた状態では、その箇所さえやり直せば、構造的な影響もなく、心配することはありません。欠陥ではなく、通常に発生するもので、対処可能なものなのです。

ポーチ仕上げタイルの浮き

▶ 玄関ポーチの土間コンの上に、仕上げ材として 300mm 角のタイルを張りましたが、浮いています。テストハンマーを転がすと音が異常です。

土間コンのクラック

▶ コンクリート・モルタルなどの湿式材料は乾燥収縮するためにひび割れが入る可能性が高いです。浮きがあると、ほぼ確実にひび割れしてきます。

009 掘り込みガレージ上部に建物がある場合、取り合いはどうか？

◎掘り込み式ガレージによって、地盤強度にバラつきが出る

　敷地に高低差があり、鉄筋コンクリート製の掘り込み式ガレージの上部に建物がのっている場合に問題が生じます。建物全体がガレージの大きさと同じ場合は良いのですが、大抵は建物の方がガレージよりも大きくなります。その場合に、ガレージの上にある部分とガレージにのっていない部分の取り合いが問題となるのです。建築において、常に取り合いは問題となりやすいところです。まずは、取り合いの状況を目視し、基礎にひび割れが生じていないかを確認します。特に対策を講じていない場合には、基礎が折れて、ひび割れが生じる可能性が高まります。この場合は、乾燥収縮ひび割れといったものではなく、"構造ひび割れ"となります。

　ガレージの施工に際しては、施工するための空間が必要ですから、ガレージの寸法よりも1m近くは広めに掘り方を行います。ガレージの施工終了後、埋め戻しを行います。つまり、強度のない盛土部分が生じます。いくら転圧したところで、ガレージの高さそのものが盛土ですから、元の"地山"と呼ばれるほどの強度はありません。ここで基礎が折れる可能性があるのです。

　鉄筋コンクリート製ガレージ部分は強度があり、沈下しません。もとの土の部分は本来の地盤強度です。取り合い部は強度がなく、大きく沈下します。地盤の強度に、三つのレベル差が生じることになります。

◎どのような基礎補強が行われているか確認する

　最も沈下する部分である約1m幅のスパン中央に基礎杭を施工するような沈下防止対策をとっている場合は安全です。地盤調査により、地耐力を判断した結果、建物全体に基礎補強杭を施工する場合には、1本補強杭を追加するだけで、大した手間も費用もかかりません。しかし、地盤が比較的良く、基礎補強杭を施工しない場合、わざわざガレージ取り合いの補強のためだけに、業者を段取りして、少しの工事をしなければなりませんので、この場合は大変です。わずかの仕事のために、一つの業者を別に段取りすることは難しいのです。したがって、転圧や栗石・砕石を入れるなどの対策で補強することがあります。完全な補強にはなりませんから、弱点であることに変わりありません。

> ガレージ近くの基礎が、ひび割れしていませんか?

> そう言えば…

　古い建物では、杭施工を行っていないことが多いです。それでも、取り合い部にヒューム管を入れておくといった配慮をしている場合もあります。この場合には、担当した技術者が、過去に痛い目にあった経験をしている可能性があります。工事予算内で配慮することは難しいことですが、あえて実施しているのです。ここは人によるバラつきが大きいところです。また、設計段階で配慮されていない場合もあります。

　敷地が狭小地の場合、建物と近接して、浄化槽などの設備を埋設する場合もあります。この場合も、やはり同じ現象が起こる可能性があります。浄化槽を埋設するために、その周辺を掘りますから、地盤に弱い部分ができてしまい、部分的ですが、軟弱地盤の上に基礎をつくることになります。この場合には、基礎杭ほどの補強は不要ですが、基礎の底盤厚さや鉄筋補強などを考えておくべきです。

　建物竣工後のメンテナンス段階では、最初からのやり直しは不可能ですから、不具合現象に対して、補強施工として対処することになります。

コラム 2

<u>日本の豊かさのなかで</u>

　評論家の田坂広志氏は、メルマガ「風の便りふたたび」(第96便) のなかで、現在の日本は、下記の5点で、素晴らしい国であると言っています。

①世界第1の健康長寿国
　2013年のWHO (世界保健機関) の発表では、日本人の平均寿命は83歳で、194ヶ国中1位です。男性は79歳で世界第4位、女性は86歳で世界第1位です。世界の平均は70歳、最も短い国では47歳です。

②世界第3のGDP生産国
　アメリカ・中国に次いで、日本は537兆円、後にドイツ・フランス・イギリスと続きますが、ドイツとフランスをプラスしたGDPと同じになります。日本の対外純資産は、為替変動によるものの、296兆円で、22年連続世界一の債権国です。2位の中国は150兆円ですから、断トツです。

③世界有数の特許・科学技術立国
　アメリカで申請される特許件数は年間20万件を超えており、世界の特許件数の約50%はアメリカですが、2位は日本で21%です。以下韓国・ドイツと続きますがともに5%台です。

④世界有数の高等教育を国民にしている国
　文盲率はほぼゼロに近い。

⑤過去65年以上戦争をしたことがない国

　これだけ揃った豊かな国は、地球上の歴史上のなかにおいて、かつて存在したことがありません。これ以上、一体何を求める必要があるのでしょうか？とありました。
　これらの現状を把握し、家族の幸せを得るという目的を実現する手段として、住まいをつくり、維持管理していくうえでの考え方を確認しておきたいものです。

第3章

外壁の確認

ボクの力では
このドアは
開かないんだ‥

010 外壁左官のひび割れはないか？

◎左官材料は乾燥収縮によるひび割れを起こしやすい

　建物の外壁は面積も大きく、目立ちやすいところですから、点検項目も多岐にわたります。

　モルタル（水＋セメント＋砂）などの左官材料を使う問題点は、**乾燥収縮によるひび割れが発生する可能性**です。水を使う湿式材料では、乾燥収縮は必ず生じます。つまりひび割れが発生する可能性は、きわめて高いことになります。まったくひび割れのない外壁を施工することは、むしろ難しいと言えます。外壁のひび割れは目立つために、入居者は嫌います。即「欠陥住宅」として、クレーム化する場合もあります。不同沈下などの構造的な問題は大きいのですが、乾燥収縮によるひび割れは、建物にとって大した問題ではありません。見栄えが悪いから、大きな問題とされているだけです。ひび割れが発生してから、技術的説明をしても、入居者は納得しないことが通常です。**ひび割れする前から、ひび割れする可能性について、説明することが肝要**です。普段からの説明は、メンテナンス担当者の重要な義務の一つと言えます。

　昔はスサと呼ばれる藁を入れて、ひび割れを減らしました。今では、ガラス繊維メッシュをモルタルのなかに入れて、ひび割れを拘束することにより、ひび割れが入らないか、入ってもごく小さなひび割れにする工夫をしています。モルタルの下塗りの次に、ガラス繊維メッシュを張ってから中塗りをかけます。モルタルのアルカリ成分に侵されない特殊なガラス繊維が開発されています。

◎**工程に問題があった可能性も**

　左官工事には乾燥時間も必要なため、工程も重要な問題です。建築主の都合による場合もありますが、住宅会社の事情によって工期が遅延すると、契約違反となり、ペナルティがかかりますから、何とか工期に間に合わせる努力をします。

　また、住宅会社には"決算期"という問題もあり、建物の耐久性に大きく影響する場合があります。本決算が3月、中間決算が9月という会社が多いのですが、業績が悪いと工期の前倒しを考えます。決算までに無理をして建物を仕上げてしまいます。建築主の意図は無視して、住宅会社の業績だけを

外壁左官にガラス繊維を挿入

▶ モルタルのなかにガラス繊維メッシュを入れて、乾燥収縮によるひび割れを防止します。こうすることで、ひびが入っても微細なものにとどまります。

考えて行動する可能性があります。無理をする際に、適正な乾燥期間を短縮する可能性があります。工期を短縮すると、見た目はわかりませんが、当然ひび割れの可能性は増加することになります。基本的に、工期は延ばせば良いわけではありませんが、**無理に工期を短縮して良いことはありません**。

◎**ひび割れを補修する時期について**

　乾燥収縮には時間がかかるために、今、ひび割れが発生していないからといって、将来もひび割れしないという保証はありません。ひび割れを補修する際には、建物が完成してからの時間の経過がどれくらいかを判断します。2年未満では、まだ落ち着いていないので、さらにひび割れの可能性があります。2年以上経過し、落ち着いて、現在の**ひび割れの進行が止まったと判断してから補修します。進行中なら待った方が良いです**。入居者がクレームをつけて、待ってくれない場合もあります。したがって、あらかじめひび割れについては、説明が必要なのです。

　ひび割れに対する住宅会社による保証期間は2年程度です。10年保証は不同沈下などの構造と雨漏りの場合で、他は10年保証ではありませんが、入居者の中にはすべてが10年保証だと思っている人もいますので、保証期間についても保証書を一緒に見ながらの説明が必要です。ひび割れ補修の際も、2年以内に無理して行わなくても、補修を約束して、少し時間が経過してから行った方が良いです。事前説明がない場合には、即「欠陥住宅」として、補修を要求される場合もあります。

011 外壁に通気層があるか？

　外壁が"外壁通気工法"になっているか、あるいは通気なしかが、問題となります。この点は、建物の耐久性に大きく影響するところです。古い建物では、ほぼ外壁通気層はありませんでした。

◎**外壁が左官仕上げの場合**

　外壁通気を確保しない場合が大半です。この通気工法が採用されている場合は、メンテナンスする立場として、ありがたいことです。少しの雨漏りや結露に対しても、通気層により、湿気を排出してくれるからです。**外壁通気層により、建物の耐久性は、飛躍的に向上します。**

　なぜ採用しないのかは、コストの問題です。コストが高くなるから、通気工法を採用しない場合が多いのです。それは、建築主にわかりにくい部分であり、外壁通気のメリットが、うまく伝わっていないためで、コスト削減の方を選択してしまうのです。住宅会社の特に営業担当者は、通気層については積極的に説明していません。技術的な内容については、勉強不足の人が多く、自分でその効果を認識していないため、説明しないのです。外壁が左官仕上げの場合でも、通気工法にすることは可能ですから、新築の際には必ず通気工法を採用すべきです。

　たとえば、雨漏りが原因で、外壁の1面全面をやり直す場合があります。このようなときには、その面だけでも、通気工法に変更しなければなりません。壁が通気層の厚み分だけ厚くなるため、面の途中で分けることはできません。1面全面のときは違和感がないと思います。外壁に通気層がない場合には、前項の外壁のひび割れから雨水が浸入した場合、下葺き材（アスファルトフェルト・透湿防水シートなど）の弱点部（タッカー跡など）から容易に雨漏りになる可能性があります。

◎**外壁がサイディング仕上げの場合**

　外壁がサイディング（工場製品の外装材）張りの場合でも、古い建物では通気層を設けることなく、サイディングを直張りしていました。通気層がない場合には外壁下葺き材とサイディング材が接した状態になり、浸入した雨水は排出されずに滞留します。若干の雨水は下葺き材にまで浸入しています。つまり、**下葺き材の上には水が流れている**ことになります。ここは重要なと

外壁通気工法の胴縁

▶透湿防水シートに縦胴縁を施工してからサイディングを張ります。外壁通気層により、建物耐久性が大幅にアップします。

外壁通気工法の金具

▶透湿防水シートの上に専用金具を取り付けてから、サイディングを張ります。通気層により雨水・結露水を排出します。

ころです。アスファルトフェルトや透湿防水シートなどの外壁下葺き材の施工は、雨漏りや結露対策として非常に重要なのですが、現場では重要性を認識することなく、丁寧さを無視して、手早く施工しがちです。**下葺き材の施工が完璧であれば、雨は漏れません。**

　新しい建物では、標準仕様で外壁通気工法が採用されています。これは、サイディング業界の英断と言えると思います。今では、特に指示しなければ、通気工法が採用されます。年代により、仕様が異なることはよくありますが、基本的に新しくなるほど、より良い仕様になっています。

　ただし、今でも、コストを重視する建売住宅などでは、通気層をとらないことも多いです。わざわざ標準仕様の通気工法を中止してしまうのです。見た目にはわかりませんから、素人の購入者が気づくことはありません。営業担当者も余計なことをわざわざ説明することはありません。マイナスのところを説明して、契約できなかったら困るからです。消費者にとっては、コスト削減で得られる利益よりも、住宅の耐久性が低下することによる損害の方が大きくなります。

　外壁通気層の有無は、確認事項として重要です。メンテナンス担当者の立場としては、その現場の外壁通気層の有無をカルテにメモしておく方が良いです。将来の外壁取り替え時には、通気工法に変更しなければなりません。

012 外壁サイディングは指でこすって白くなるか？

◎外壁塗装は原則10年でやりかえる必要がある

　外壁のサイディング材は通常、工場塗装されてから搬入されます。現場塗装は行いません。塗装に関しては、品質管理のゆき届いた工場製品の方が優れた耐久性を持っています。昔のサイディング材は、現場塗装のこともありましたが、今ではほぼ工場で塗装します。

　外壁材は、雨があたり、紫外線にさらされる条件の悪いところですから、塗装が劣化していきます。外壁材をこすって白くなると、"チョーキング"と言って、劣化が進行している証拠です。そろそろ塗り替えの時期ということになります。一般には平均で10年とされています。原則、10年間で外壁塗装はやりかえる必要があるのです。

◎外壁塗装やりかえの時期と費用

　外壁材を全面塗装すると、**足場が必要**となり、同じ足場を架設するなら、屋根の塗装も一緒に、またシーリング材も全面やり直しとなり、随分高くつきます。10年に一度、このような出費が必要となるのですが、多くの入居者は、マンションの積立金のように貯金しているわけではありません。このあたりも、事前に塗り替え時期と費用の説明が必要です。

　なお、**外壁サイディングが劣化したからといって、直ちに雨漏りにつながることはありません**。見栄えが悪いというだけです。材料メーカーの考え方としては、住宅の建設から10年目と20年目の2回は、再塗装することによって延命を図り、30年目には大規模修繕（つまり外壁の取り替え）が必要ということです。

　入居者から「お金をかけたくない」と相談を受けた場合、**紫外線による劣化程度は面（方位）により変わる**ことから、外壁塗装を5年間延期し、10年目・20年目に防水工事＋屋根水平面の足場無塗装を行ってコストカットすることも可能です（右頁の図表。東西南北の面に比べて水平面〔屋根面〕の劣化程度は断トツです）。それでも、15年目までには、外壁塗装の予算確保が必要で、それ以上の延期は不可です。

　ただし、上記の方法は屋根は6寸勾配未満であることが条件です。6寸勾配以上になると、屋根にも足場が必要となります。

サイディングのチョーキング

▶外壁サイディングを指でこすると、真っ白になりました。そろそろ外壁の再塗装が必要な時期という目安になります。

終日日射量の年変化 (2007年度一級建築士試験問題学科Ⅰ等を参考に作成)

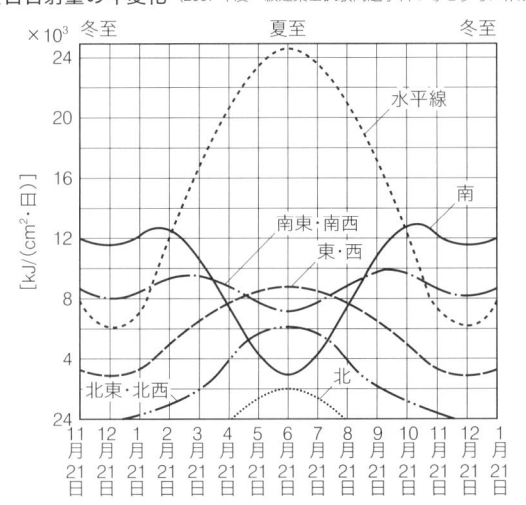

外部メンテナンス計画の1例

住宅会社計画案（標準）	年	建築主希望計画案
建設時	0	建設時
	5	
150万円 防水＋屋根・外壁塗装	10	50万円 防水＋足場無塗装(屋根水平面)
	15	110万円（足場有外壁塗装）
150万円 防水＋屋根・外壁塗装	20	50万円 防水＋足場無塗装(屋根水平面)
	25	
大規模修繕	30	大規模修繕
300万円		210万円

013 外壁の石タイルの浮きは叩いて音をきく

◎石・タイルはメンテナンスフリーでお得？

　コストの関係で、外壁の仕上げ材として吹付け塗装を行うことが通常となっていますが、メンテナンスの必要から、約10年ごとに足場を組んで、再塗装を行わなくてはなりません。足場は仮設工事ですから、作業をするための手段です。作業終了後は解体撤去します。残らないものにカネを使うのは、イヤな感じがします。その必要がないようにという発想で、"メンテナンスフリー"と称して、石・タイル仕上げを採用することがあります。

　石・タイル仕上げは、吹付けよりも高級な仕上げです。吹付けの再施工を考えると、最初にお金をかけておけば、後からの費用が発生しないことになります。本当にそうでしょうか？

　メンテナンスフリーという言葉は好んで使われています。「メンテナンスができないので、壊れたら修理できずに即交換しなければいけない」という意味ではありません。メンテナンスフリーの本来の意味は「メンテナンス不要」ということかもしれませんが、現実には、「メンテナンス不要で、永久に長持ちする」ということにはなりません。「メンテナンスが自由に行いやすい」程度の意味と考えてください。そこそこ長持ちはするが、適切な時期には、メンテナンスが必要です。**基本的に建築材料で、メンテナンスの必要がないものはないのです。**

◎石・タイルは「浮く」可能性がある

　石・タイルの材料自体の劣化が吹付けよりもはるかに少ないことは事実です。ところが、施工面において、石・タイルと下地との接着が悪く、遊離して浮く場合があります。これはかなりの確率で見受けられます。モルタルでも浮きがありますが、石・タイルでも起こります。浮くとどうなるか？　ひどい場合には落下することになります。

　中高層の共同住宅では、定期的に、"テストハンマー"による外壁の"**打音検査**"が必要になっています。個人住宅では、個人にお任せですが、タイル施工方法自体は同じであり、浮きが発生する可能性はあります。浮いたものは、勝手に復元しませんから、メンテナンスにより、張り替えるなり補修が必要となります。ただし足場が必要となります。

全面タイル張り外壁仕上げ

▶外壁全面が高級なタイル仕上げとなっています。軒の出がないので、屋根面取り合いの雨仕舞いとともに、メンテナンス点検は必要です。

基礎に石張り仕上げ

▶基礎の仕上げには、コストの関係で、石・タイルを張ることは多くありません。石の裏面と基礎コンクリート面の取り合いの隙間が白蟻の通り道になるリスクがあります。点検しにくいですから、被害が発生してから気づくことになります。

　タイルの浮きの見つけ方ですが、テストハンマーで叩いて、音の違いから判断します。健全なところと浮いた状態では音が異なります。対処方法としては、浮いた部分に、"アンカーピンニング"と呼ばれる工法を採用します。タイル面にエポキシ系樹脂を注入して、ピンで固定します。

　基礎の仕上げは、通常はモルタルの刷毛引き仕上げや、せいぜい樹脂ですが、高級な仕上げとして、石・タイル張りの場合があります。この場合には、浮き以外に白蟻のリスクが生じます。理由は、基礎コンクリートと仕上げの石・タイルが完全密着せずに、隙間があるからです。その隙間は、白蟻の道になることがあり、点検しにくいです。

014 外壁の土台水切りの継手が離れていないか？

◎土台水切りのジョイント部は要注意

　外壁サイディング仕上げ材と基礎の取り合い部に「土台水切り」と呼ぶ板金が施工されます。建物4周に施工されますから、かなりの長さになります。土台水切り材の1本の長さは4m程度です。つまりジョイント（継手）が多く発生しているのです。

　土台水切りのジョイント部ですが、新築時には接着剤をつけています。仮に接着することなく離れていると、そこから雨水が浸入する可能性が高くなるからです。古い建物では、接着剤を入れずに施工していましたから、若干の雨水が床下側に回っている場合があります。接着剤の施工も、見た目にはわかりにくいため、念入りに施工されることはありません。忘れることもあります。施工後に特別に検査をすることもありません。職人にお任せですから、人によるバラつきが生じます。見た目を気にしなければ、ジョイント部に後からシーリングを施工すれば、同じ機能は果たします。

◎ジョイント部から浸入した水が白蟻・結露・カビ・腐れを招く

　ジョイント部を接着剤で一体化しないと、水切りと水切りが接した状態となり、水が滞留して排出されません。床下に雨水が浸入しても、床下は常時点検しませんから、入居者が気づかないうちに被害が進行している場合があります。**雨水が床下に入ると、白蟻を誘発**します。水の供給があると、白蟻は容易に侵入してくるのです。

　床下の木部には、結露リスクがあります。日本特有の気候として、夏場の外気は高温多湿です。一方の床下温度は、外気よりも低温です。外気が換気により床下に入ると、高湿度で高温の外気が冷やされるため、一気に露点温度になり、湿度100%になり、床下部材に結露が発生することになります。

　結露から腐れ・カビの発生につながり、床下環境は不良になります。基本的に床下環境はカラカラ状態が理想なのですが、この**床下に雨水が浸入してくると、結露水・白蟻・カビ・腐れのコラボレーションでパニック状態**になります。

　風向きと雨量により、雨水が浸入するかどうかが決まります。大型台風時に豪雨が降ると、雨漏りには最悪の条件で、当然床下に雨水が入ってきます。

土台水切りに散水試験を行うと…

▶ 反対側の土台水切りジョイント部に散水試験を行うと、ポーチの土台水切りからすぐに水が出てきました。容易に雨水が浸入してしまいます。

土台水切りの遊離

▶ 土台水切りのジョイント部に指金を入れてみると入りました。接着されておらず、重なっているだけという状態です。

015 外壁シーリングの劣化程度はどうか？

◎外壁シーリング材の寿命は約10年

外壁材のジョイント部分などに、シーリング材を施工します。雨漏りを考えると、シーリング材は外部から見えるところですから、"1次防水"に該当します。1次防水から若干の雨水浸入があっても、下葺き材である2次防水がしっかりと施工してあれば、雨は漏りません。

住宅現場において、シーリング材は、外部にも内部にも多用されます。雨漏り対策用としても、また、シーリングによって、とりあえずきれいに納まりますので、仕事のアラを隠すことができるという点からも便利な材料です。

シーリング材などの化学物質の寿命は、紫外線の条件にもよりますが、通常は約10年とされています。雨漏りを抑えている場合は、劣化の進行とともに雨漏りしてきます。10年経過すると、無条件に撤去して、再施工することになります。

外壁材のシーリングを撤去して再施工する場合、足場が必要です。結局のところ、足場を架設して、外壁のシーリング、吹付け、さらに屋根の塗装など、まとめて全部を1回の足場で完了する場合が多くなります。大きな金額となるため、マンションの積立金のように、毎年の積み立て計画が重要です。

◎シーリング材の劣化状況を見る

古い建物では、シーリング材料の品質が悪いものが使われている場合がありますので、シーリング材の再施工は、外壁の吹付け材の再施工よりも、雨漏り対策上は優先順位が高いものです。

シーリング材の劣化度合いにもバラつきがあります。材料面ではメーカーと品番、施工面ではプライマー、バックアップ材やボンドブレーカーにより2面接着されているかどうか、天候などにより変化します。また、シーリング施工後に外壁吹付けを行いますから、シーリング材は吹付けの下に隠れて直接見えなくなります。つまり、丁寧な施工がされにくい可能性があります。しかし、雨漏り対策としては重要なものです。

古いシーリング材を撤去することは結構難しく、なかなか全部をきれいにはずせません。"ブリッジ工法"と呼ばれるやり方で、古いシーリングを残したまま、新シーリングを施工する方法もあります。

外壁サイディングに発生したシーリング材の不具合事例

▶シーリング材の種類は多く、選定ミスと言うべき不具合もあります。2液性混合時の気泡、白化、クラック、下地の防水テープやアスファルトフェルトとの接触による相性などの問題が生じます。

016 換気レジスターは作動するか?

◎**強風時には換気レジスターを閉鎖する**

建物の維持管理には**換気**が必須条件となります。留守で長期間換気されずに放置された家の傷みは早いです。通常は、給気・排気用のレジスターが開いたままでよいのですが、強風時の雨降りでは、閉鎖することになっています。理由は、雨水が浸入するからです。

> 強風時以外は開にしてください

上記のようなシールが張ってあります。雨水が浸入したままで放置するのは不可です。逆に、雨水の浸入を気にして常にレジスターを閉じたままでは、換気しませんから不可です。**雨水の浸入と換気は相反する要求なのです。**

レジスターも時には開閉作動をしないと、固くなって動かなくなっている場合もありますから、入居者に対して注意を促します。なかには、冷気が入って寒いからという理由で、レジスターを目張りして塞いだままという場合もありますが、良い住まい方ではありません。**換気は結露防止につながり、建物の耐久性に大きく影響しますから、入居者による管理は重要です。**

古い建物で、キッチンの給気用換気レジスターが冷蔵庫の後ろに設置されている事例がありました。キッチンでは、オール電化住宅を除いてガスを使うことが通常で、給気が条件となります。ガス会社から給気口の設置を指示される場合もあります。ただ、食器棚の位置を考えると、キッチンには外壁に面してレジスターを設置できる壁がないことが多いのです。ということで、冷蔵庫の裏に設置されました。付けたら文句ないだろうという発想です。事実上開閉はできません。なかには、壁に付け忘れ、後からガス会社から指摘されて、冷蔵庫の下の床にレジスターをつけた担当者もいました。念のため言っておきますが、決してワタクシではありません。そんなことしたら、床下から室内に防蟻薬剤が侵入してくるではないですか。

◎**換気レジスターは高気密住宅の重要な換気ルート**

新しい建物では、24時間換気が義務付けられ、レジスターの数も多くなりました。なかには、広い部屋では2ヶ所設置されることもあります。

エネルギー問題への関心の高まりから、高気密・高断熱住宅が多くなっている今、"相当隙間面積C値"という指標が、気密性能の目安とされていま

換気レジスターは強風時に閉鎖する

▶「通常時は必ず開状態にしてください」というシールが貼ってあります。わかりにくい説明ですね。

す。建物の延床面積 120m² の建物の相当隙間面積は、C 値 2.0 の場合、建物全体で240cm²存在するということです。C 値が小さいほど、気密性は高くなります。多くの一般地域では、5.0 以下が気密住宅と規定されていますが、北海道・青森県・秋田県・岩手県などの寒冷地では 2.0 以下と規定されています。数値化されると住宅会社は競争しますから、最近では、1.0 や、なかには 0.5 といった超高気密住宅も珍しくありません。専門家は1.0 以下を推奨します。基本的に、中気密ではなく、高気密の方が良いのです。よく使われる例ですが、「穴のあいたストローでは水が吸えない」ということです。

　換気レジスターを1個設置すると、大幅に隙間はアップすることになりますが、気密性能の測定をする場合には、レジスターをビニールで目張りして、空気が漏れないようにして測定することになっています。「意味がないではないか」という意見もありますが、「隙間は減らして、計画的に換気ルートを設計しよう」というわけで、建物の性能としての隙間面積を評価するのです。

017 フラワーボックスはぐらついていないか？

　外国を旅行して、街並みを散歩していると、窓の外にきれいに花を飾ってある光景を目にします。日本では少ないようですが、その光景に憧れる人が多く、新築時にはぜひともというわけで、フラワーボックスを外壁に取り付けることがあります。

　入居者も最初はがんばりますが、まもなく使われなくなることも多いようです。他の人が花を飾らなければ、右へならえになってしまいがちです。

　フラワーボックスは、外壁が仕上がってから後付けするものであるため、強度と雨漏りのリスクの2点が問題となります。

◎**強度に関するリスク**

　フラワーボックスは、後から外壁に取り付けるため、建物の耐久性上、強度上は取り付けないにこしたことはありません。また、外壁から張り出した形で固定するため、出が大きいほど、モーメント効果により不安定になります。文字通り花、植木鉢を置く程度のもので、重量物を置くことはできません。**フラワーボックスに、人が乗ることはできません。**小さな子供さんでも危険です。

　フラワーボックスは、柱や桟など、下地の効く木部をねらってビスで固定します。下地のないところにカラで固定してはいけません。仕上がった後から、下地の位置を正確に知ることは難しいものです。なかにはサイディングだけに固定する人もいますから恐ろしいです。最近の建物のサイディングには通気工法を採用しますから、胴縁と呼ばれる木材で通気層を確保する場合にはその胴縁の位置に固定できますが、通気層の確保が金物でなされる工法では、通気層の厚み分はビスが効きませんので、固定としては弱くなります。

　フラワーボックスが下地に強固に固定できているか、下地の位置がビスとズレていないかをチェックする必要があります。ゆすると動くことがありますが、下地の位置が不良でしょう。

◎**雨漏りに関するリスク**

　フラワーボックスは、外壁の下葺き材を貫通してビスで固定するため、穴をあけています。これは**防水材を破る**ことになるわけで、当然雨漏りのリスクは高まります。外壁通気層の有無に関わらず、強度上の理由で大きなビスを

強度上の問題と雨漏りのリスクを抱えるフラワーボックス

▶ 鋼製のフラワーボックスを外壁サイディングに取り付けた事例です。固定方法と雨漏りが問題となります。

使用することになり、その大きなビスの穴の周辺から雨水が浸入する可能性があります。下葺き材には、雨水が流れていることになっています。下葺き材を固定するタッカー跡などの小さな穴からも雨水は浸入することがありますから、大きなビス穴から浸入しても不思議ではありません。それは下地の木部の腐りにつながります。荷重がかかったときに一気に落下するかもしれません。

建築では「しばらく様子を見る」という言葉をよく使います。要は問題の先送りですが、とりあえず先延ばしすることがよくあります。その場は楽になりますが、時間の問題です。先延ばしして劣化の程度が良くなることはありません。劣化を放置すると、一気に問題が起こることがありますから、メンテナンス担当者による定期的な点検が必要です。

018 外部に見える木部の塗装は劣化していないか？

◎外部に露出する木部には塗装が必要

　日本の高温多湿気候のなかで、木部を外部に露出することは、**建物の維持管理上のリスク**になります。また、雨水や紫外線といった環境条件が悪いため、その分良い材料を使わなければなりません。並のレベルの材料であれば、すぐに反り・ヤニ・割れなどが出てくるためです。木部を露出させるのは贅沢な仕上げだと言えます。

　昔の古い神社仏閣では、露出した木部は常時、風通しのよい状態になっていました。雨水に濡れたとしても、すぐに乾燥しました。そして、数百年以上にわたって耐えてきたのです。ただし、神社仏閣に使用される材料は、材料自体の寸法が大きく、品質も最高級品でした。施工も、当時の超一流の大工が膨大な時間をかけて行いました。メンテナンスにも充分なお金と手間を惜しみませんでした。だからこそ、耐えてきたのです。単純に現代の通常の住宅と比較することはできません。現代の住宅のように「坪単価を安く」「工期は短く」「品質は良く」といった要求のなかでは無理もあります。

　外部に露出させる木部には、塗装を行うことが通常です。雨水と紫外線の影響を少しでも避けるためです。塗装せずに白木のままでは、新築当初は良いのですが、すぐに劣化の兆しが見られ、汚れて醜くなります。

◎木部の再塗装は最低10年に一度

　メンテナンスも必要で、**数年に1度、最悪でも10年以内には再塗装が必要**です。放置すれば、再塗装不能状態になりかねません。外部に露出する木部にあたる雨と紫外線の条件によって変わりますので、一様に劣化していくわけではありません。日ごろの目視確認と、塗装時期の判断が重要です。営業的に、仕事がとれることにメリットがある人なら、いつ聞いても、「そろそろ再塗装時期です」と回答します。雨の多い日本の気候は、いまや熱帯雨林に近いと言われていますから、メンテナンスが早いほうがより良いことは事実です。

　木部の塗装ですが、最初は薄めの透明にします。オイルステインで色をつけ、ワニスで仕上げていきます。再塗装のたびに濃い色になっていきます。最終的にはペンキ仕上げになります。

塗装すべき範囲が低い位置にあり、部分的で面積が大きくなければ、入居者自身が塗装すればいいのです。劣化の激しいところだけでも塗装すれば、かなり違います。外国では当たり前に行われていることですが、日本では、入居者自身が塗装している姿はまったく見たことがありません。それはまったく恥ずかしいことではなく、入居者自身がメンテナンスに関わることによって、お金の節約になることはもとより、建物に対する愛着がわき、子どもに対する教育効果もあります。**入居者が建物の維持管理に関わることにより、建物が長く使われることになります。**ただし、足場を設置しなければならない位置での塗装作業や、ハシゴに上っての作業は安全上難しいものがあります。

　入居者が直接メンテナンスを行えば、近所の手前、格好良いと思います。難しいところのみを職人にまかせ、後は自分がやり、少しは家族に手伝ってもらう、という感覚で良いのです。

019 外部パイプスペースの天端と外壁、基礎の取り合いはどうか？

「パイプスペース」とか「パイプシャフト」と呼ばれる配管のための空間があります。
　①建物内部で、押入れの中など目立たないところに設置する場合
　②建物外部で、配管パイプを露出する場合
　③建物外部で、配管スペースを外壁と同じ材で囲う場合
があります。

メンテナンス上もっとも良いのが②ですが、住宅には、機能性だけでなく意匠性も求められるため、建築主から嫌われます。確かに排水パイプが露出していると、デザインが良いとは思いません。

多く採用されるのが①です。メンテナンス上は楽ではありませんが、意匠性は優れています。

最近多く採用されるのが③で、外部露出配管で行い、その配管の周りを外壁と同材で囲うものです。メンテナンスも比較的楽で、意匠もまずまずです。この場合、パイプスペースの天端と外壁の取り合い、パイプスペースの基礎の部分がどのように施工されているかの2点が問題となります。

◎外部パイプスペースの天端と外壁の取り合い

問題は、パイプスペースという小さな面積の天端の材料に何を使うかです。天板には板金材が良いのですが、施工法によっては、板金職人がその現場に入らない場合があります。この小さな面積のためだけに、職人を呼びにくいのです。したがって、サイディング材などを天板に張ることもあります。勾配はあっても水平面ですから、外壁材料では本来不可です。また、外壁取り合い部に、立ち上がりをつくれませんから、"雨仕舞い"として、うまくありません。シーリング材で雨を防ぐだけです。外壁サイディング仕上げを施工した後に配管する場合は、若干の雨水が浸入してもよいのですが、木部のまま配管すると、内部は雨水に対して防御できません。ここは、施工の方法により、雨仕舞いの弱点になります。人によるバラつきが多く見られるところですが、見た目にはわかりません。

◎外部パイプスペースの基礎の部分

次はパイプスペースの配管の下部、つまり基礎周りです。建物外部の付加

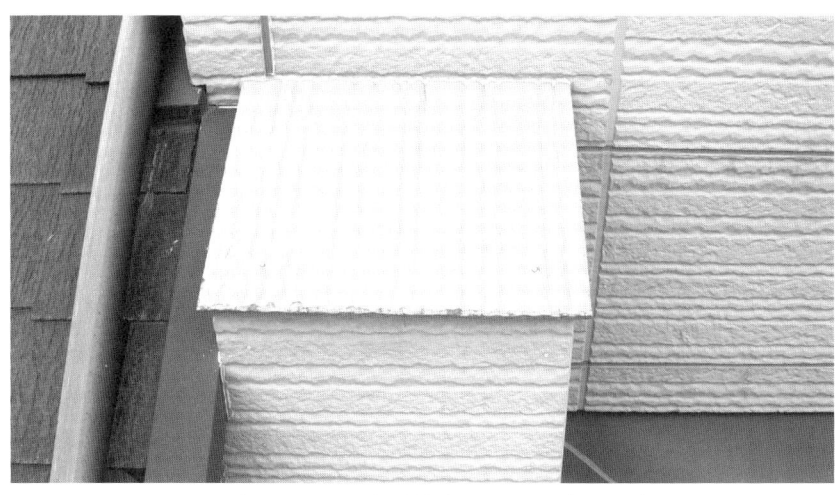

パイプスペースの天板が外壁サイディングと同じ例

スペースですから、本来の基礎はありません。現場では、指示しないと、サイディング下地の木部を延長して、そのまま地面まで延ばしている場合があります。防蟻工事施工後に設備配管工事を施工することも多く、その後に配管スペースの下地を施工すると、防蟻施工されない下地の木部が残ります。下地材は白木のままですから即白蟻にやられます。竣工時点で白蟻が来ると思います。

　配管を基礎部のみ露出しても良いのですが、意匠性から嫌う場合もあります。その場合にはレンガを積んで、基礎仕上げと同じく下部をモルタルハケ引き仕上げにします。なるべく薄く仕上げたいので、レンガ程度になります。

　このような配慮が必要です。パイプスペースの仕上げまでは図面に記載せずに、「現場にお任せ」ということも多いのです。やはりここでも人によるバラつきが生じやすくなります。

　このように、建物本体ではない付加部分にも、雨漏りや白蟻の侵入など、建物の耐久性低下の原因となるところがありますから、メンテナンス担当者には、感受性が求められます。いかに早く気づくかということです。見るべきポイントを知っておけば、かなり対応可能になります。

020 庇と外壁の取り合いはどうか？

　最近の建物では、庇がないことが多くなりました。庇は雨除けとして、また太陽からの日射量の調整のために役立ちます。意匠上ない方がよいと判断する設計者もいますが、本来は必要なものです。古い日本の住宅には、建物の耐久性を考えて、当然に設置されていました。

◎既製品の庇の問題点

　既製品の庇の問題は、雨漏りの原因となることと、外壁左官取り合い部のひび割れを誘発することです。雨漏りは、庇の形状によるものと、取り付け位置によるものと、取り付け方によるものがあります。

　既製品の庇では、庇の上部立ち上がりコーナーの板金が一体化せずに折り曲げただけという部材が流通していました。当然、庇コーナー部の防水テープの施工も、下葺き材の施工もうまくいきません。"ピンホール"ができた状態になりますから、雨漏りの可能性は高まります。

　また、入隅の庇の場合、2方向・直角に立ち上がりが必要ですが、専用の取り付け部材がありません。既製品には片方向の立ち上がりしかありませんから、もう一方向の立ち上がりがなく、現場で防水テープやシーリング材の施工によって納めていく必要があります。適切な部材を現場に届けない限り、現場の職人任せになってしまいます。特別に施工手間をかけて指示するなら、職人は納めますが、指示しないと、手間のかかることはしません。本来適切な部材がなければ、最初から現場施工で計画するべきです。優秀な職人で、かつコミュニケーションがとれている場合には、職人が事前に監督と相談して納めます。事前に相談する職人は多くはありませんが、このような職人の現場では、雨漏りリスクは大きく下がります。

◎庇の取り付けに関する問題点

　庇の取り付け方について、本体外壁取り合い部の立ち上がり板金の上部に、75mm幅（50mm幅では少ない）の両面防水テープを張り付けます。このときの押さえ方を十分に行います。**防水テープの押さえ方が甘いと、下葺き材と一体化しません**。その場合には、雨漏りの可能性が高まります。施工時期が冬場の場合、防水テープの粘着性が悪くなっていることもあります。その後に、下葺き材を施工して、防水テープと一体化します。外壁通気層には、

庇の立ち上がりコーナー部が欠けている場合は漏水しやすい

▶ 庇を取り外すと、立ち上がりコーナー部が欠けているタイプでした。この部位はツバがないので防水テープを貼りにくいです。伸縮性のある両面粘着防水テープ 75mm 幅を使用して、丁寧に押さえつけます。庇本体を、両面防水テープによって、外壁下葺き材と一体化させることにより、雨漏りを防止します。

若干の雨水や結露水が流れます。庇の板金・防水テープ・下葺き材の三つを一体化させることにより、雨漏りを防ぎます。したがって、施工には、**押さえ付けること**が重要となります。現場で見ていると、職人が簡単に手で少し押さえる程度という施工が多いのです。雨漏りのリスクを認識していない職人、その指示を徹底しない監督、下請けにお任せする元請住宅会社など、体質から来る問題です。

外壁の左官取り合いのひび割れについて、外壁がサイディングの場合には問題ありませんが、左官のときは、庇の材質が板金であり、押さえると動きます。板金材料の熱による膨張収縮と、左官材料の乾燥収縮もあり、**左官と板金の取り合いが遊離して、隙間が生じ、浮きます**。ひび割れが生じやすくなります。特別に問題ではないのですが、見栄えの悪さからクレーム化することが多いのです。

021 外部基礎に雨漏り跡はないか？

◎**透湿防水シートの内部に水が入っていないか？**

　雨が降るたびに建物の基礎仕上げが濡れる場合があります。水の道ができていて、濡れて、乾いてを繰り返すので、跡形がつき、だんだん見苦しくなります。この原因は雨漏りです。建物外部のみの現象で、内部に雨が浸入しない場合もあり、素人の入居者にはわかりにくいところです。

　下葺き材である透湿防水シートを施工する際は、水下の上に水上部分を張り、雨水が流れるようにしています。透湿防水シートが施工途中に破れたら補修します。土台水切りの立ち上がりの上に、透湿防水シートを被せます。**二次防水である透湿防水シートの外部側に雨水が流れていますので、通常の施工ならば、雨水がこのように基礎仕上げに出るはずはないのです。**通気層に入った雨水は、土台水切りの上に出るはずなのです。

　土台水切りのジョイント部分の接着が甘いと、浸入することがあります。ジョイント部分だけの水染みの場合です。土台水切りのジョイントの接着は確実に行う必要があります。

◎**サッシ下部の両端をチェック**

　そして、この現象の場合、原因の候補として疑うべきところが、サッシです。サッシを取り付ける大工は、サッシ部材が正常なものとして施工します。当然ながら、雨漏りするものとは考えません。

　ところが、**サッシ下部の両端が問題**となります。サッシ組み立て時のトルクの甘さ、運搬中のガタツキ、取り付け中の歪みなどにより、一体化できないことがあります。この現象は珍しいものではなく、結構発生しています。そもそもサッシは、横部材と縦部材という別の部材をエプトシーラーなどを入れて締め付けて完全に一体化するという方法で組み立てます。本来は水も漏らさないように一体化することはできない方法です。

　サッシ下部両端に紙粘土を使って土手をつくり、水を溜めると、速やかに水が減り、透湿防水シートの内部に雨水が浸入します。**外壁通気層には、換気だけでなく、浸入した雨水を排出する役目もありますが、透湿防水シートの裏に回った雨水は、防ぐことができません。**この現象に遭遇することが多いのです。現場施工中には点検しにくいですから、困ります。サッシ取り付け

基礎の雨漏り跡①　　　　　　　　　　基礎の雨漏り跡②

▶雨水は、壁の下地合板と透湿防水シート（アスファルトフェルト）の間に入っています。雨漏りそのものです。補修は、足場を組んで、外壁やり直しになります。

サッシ枠に水をためると…　　　　　　すぐに水は下地に浸入

▶サッシ枠下部コーナー部に紙粘土で土手をつくり、水をためると、すぐに水が減り、下地合板が濡れました。

前に、伸縮性のある防水テープで、サッシ下部両端に捨て張りをする、樹脂製の役物を取り付けるなどの対策を講じる必要があります。

　建物が竣工してからでは、外壁をはがさなければなりませんので、大変な補修工事になります。足場も必要です。サッシ枠の下部両端入隅に防水材を塗布すると、しばらくは止まりますが、アルミサッシとの接着が難しく、再発します。プライマーを塗ると、多少ましかもしれません。根本的に直さざるを得ず、厄介な現象です。室内に雨水が出ないこともあり、入居者は気づかない場合もあります。

022 外壁の汚れや藻が出ていないか？

◎藻・カビは地域性の問題

　外壁サイディングは白っぽい色なのに、部分的に緑色に変色していることがあります。このカビ状のものが"藻"と呼ばれるものです。外観が見苦しいので、クレーム化しますが、住宅会社の責任とは言えません。地域の問題ですから、近隣にも同様の現象が生じている場合が多いです。新しい建物でも発生することがあります。また、隣地であっても、必ず発生するわけではありません。

　都会では少ないのですが、地方では、緑の多い環境の良いところで多く見受けられます。築年数は古くなくても見られる現象で、地域性の要素が大きいです。

　一般的に、藻・カビが発生しやすい環境としては、
　○周辺に池・河川・用水路・田畑・森林がある立地条件
　○窓の上側など、水や汚れが溜まりやすいところ
　○軒の出が短く、外壁に雨水がかかりやすいところ

　外壁サイディングの柄も影響します。水平方向にラインが通り、でこぼこのあるものが、水が溜まりやすく、藻がつきやすいです。プレーン柄はつきにくいです。

　カビの繁殖には、栄養分が必要ですが、藻は、光合成ができるため、光が当たり、水分があれば、栄養源が乏しい場所でも繁殖します。カビや藻は、表面で繁殖するだけで、根を建物内部まで伸ばすわけではありません。建物の構造体に対しては、特に悪影響を与えることはありません。雨漏りにつながるわけでもありません。見た目の問題だけです。しかし入居者にとっては、印象悪く感じますから、原則有償で対処が必要です。

◎高圧洗浄して防黴材を塗布

　発生した藻を放置しても、進行するだけであり、近隣に対しても格好が悪いので、必要な箇所のみ、足場を組んで、高圧洗浄で藻を落としますが、再発防止のため化学的な防黴剤を塗布します。外壁サイディングをこすると、外壁材の塗装が傷むので、高圧洗浄により、藻を落とすのがよいと思います。

外壁に発生した藻

▶藻の発生により、外壁が緑色に変色して見苦しい状態です。構造や雨漏りに影響することはありませんが、見栄えが悪いです。放置しても悪くなる一方なので、足場を組んで、高圧洗浄、防黴材塗布を行う必要があります。

023 玄関ドア・勝手口ドアの開閉を確認する

◎**使用頻度の高いドアチェックは問題がでやすい**

　外部取り合いのドアについての点検項目には、開閉蝶番・ロック・レバーハンドル・ドアチェック（ドアクローザー）・ドアチェーンなどの調整があります。ドアチェックは、ドアが自動的に静かに開閉するためのものですが、使用頻度も多く、使用していると比較的早期に調子がおかしくなっていきます。結構、調整を要する頻度は高いものです。定期点検のたびに確認する必要があります。

　ドアチェックには、モーメント効果で大きな力がかかるため、固定するビスが緩んだりもします。その場合には、"埋木"をして、ビスの締めなおしも必要です。ドアチェックの調整は入居者には難しく、放置されがちです。メンテナンス担当者として、職人を呼ばなくても自分で調整できるようにしたいものです。結構難しいのですが、ここは会社の職権を利用して、大工から教えてもらいます。そして現場で練習しておきます。自分のノウハウとして、イザというときに役立ちます。調整後には、潤滑油をさしておきます。

◎**ドアチェックの調整方法**

　ドアチェック本体部に、ドア開閉速度調整用のネジが1〜3個付いています。もっとも多い2個の場合で説明します。ネジ形状により、プラスかマイナスドライバーを使用します。①と刻印（シール）された調整ネジが、第1速度調整区間(ドアを全開にして、閉まるまでの大半)の調整で、②と刻印（シール）された調整ネジが、第2速度調整区間（ドアが完全に閉まる直前）の調整になります。

　ネジを右（時計方向）に回すと遅くなり、左に回すと早くなります。ここは微妙な調整が必要で、はじめの位置より2回転以上まわすと故障の原因になります。また、調整ネジがきかない場合や、油漏れを起こしている場合は、ドアチェックの交換が必要です。第1速度調整区間が少し早め、第2速度調整区間が少しゆっくり目がよいと思います。バタンと大きな音をたてずに閉まるのが良いです。

　勝手口ドアやテラスドアには、ドアチェックよりも簡易なアームストッパがついている場合もありますが、調整機能はありません。

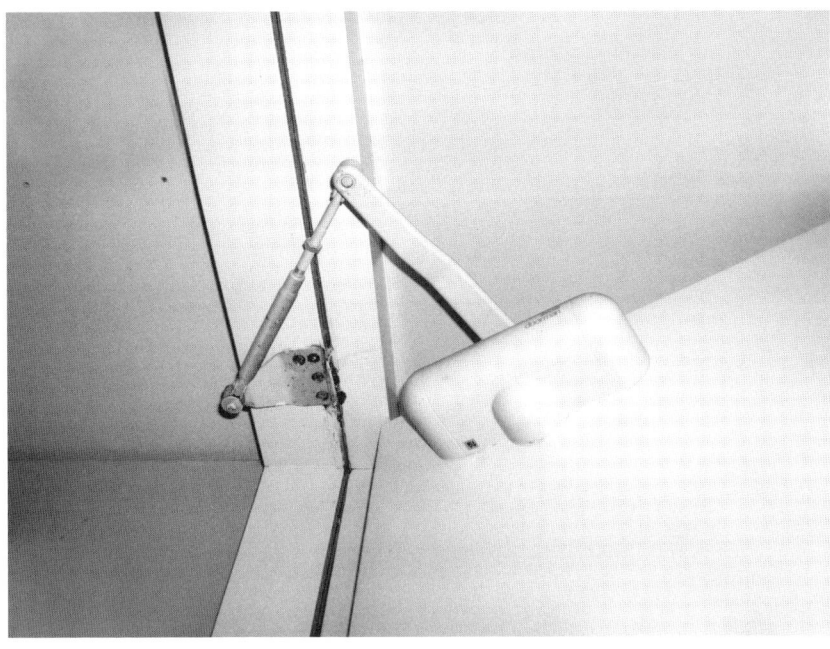

長期間使用しているドアチェック

▶築20年の建物の玄関ドアについているドアチェックです。使用頻度が高いにも関わらず、長らく調整することなく放置されてきましたので、急にバタンと閉まるなどの問題が起こっています。

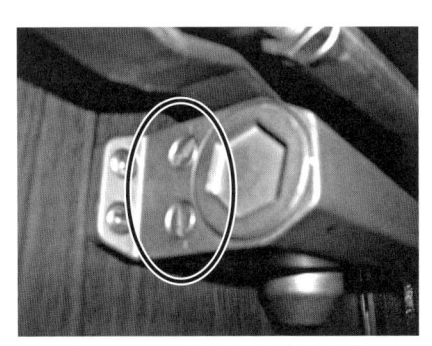

ドアチェック調整用ネジ（上下）

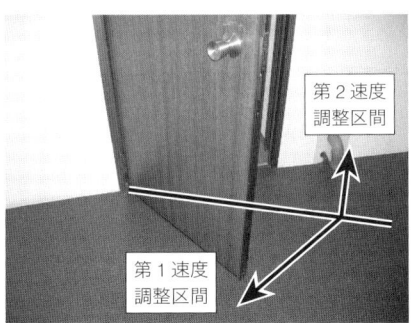

ドアチェック速度調整区間

3 外壁の確認

024 サッシ・網戸の開閉を確認する

◎メンテナンス担当者がマスターしておきたいサッシ・網戸の調整

　サッシ・網戸の戸車調整やクレセントの調整も、メンテナンス担当者としては、現実に自分でするかしないかは別として、できるようにしておきたいものです。職人ではありませんから、調整する数が多い場合は、日を改めますが、1ヶ所くらいなら、自分でその場で行う方が効率的です。頻繁に必要なメンテナンス技能はマスターしておきたいところです。自信のあるところを、入居者の前で実演すると、信頼感が増します。ただし、メンテナンス担当者が自分でする仕事は、有償工事にはできません。無償工事となり、サービスすることになります。それでも、入居者には喜んでもらえて、人間関係が良くなるので、それでよいと思います。

◎サッシ・網戸の調整方法

　サッシ枠と建具障子との、上部と下部の垂直方向の隙間を確認しながら調整します。**戸車の微妙な上下により、垂直になります。**戸車調整終了後には、クレセント位置の調整も必要となります。

　サッシを取り外した後、再度入れる時の建具障子の左右の位置ですが、外から見ても内から見ても、サッシに向かって左側が奥になります。**建具類はすべて、向かって左後右前になるのが原則**です。網戸を外す場合には、上部についているはずれ止め機能をチェックします。上がりすぎて動かない場合や、下がりすぎて外れ止めになっていない場合があります。緩めると下がり、外れるようになります。また戸車調整ネジは建具障子と同様に、左右に回してみます。

　クレセントの調整ですが、ネジを緩めて動かすと、どちら側に寄せれば良いのかわかりやすいです。その際、潤滑油をさしておくと良いです。**戸車は消耗品**ですから、調整だけでは解決できず、取り替えの場合もあります。サッシ・網戸の開閉は頻度が高いため、スムーズな作業をこころがけます。

　新しい家のサッシのガラスは、ペアーガラスが多くなりました。その場合には、ガラスとガラスの間の空気層で結露して曇っている場合があります。これはサッシメーカーに依頼して有償で交換する以外に解決しませんが、保証期間内で無償交換してくれる場合もあります。

サッシ戸車高さ調整ネジ

▶ サッシの側面の下に、上下二つのネジ穴があります。上の穴は、型枠固定ネジ（サッシ枠を固定するためのネジ）、下の穴は、戸車高さを調整するネジです。戸車の高さ調整ネジをプラスドライバーで右に回すと戸車が上がり、左に回すと下がります。サッシ枠の垂直を見ながら調整します。

クレセント本体

▶ 上下2ヶ所の取り付けねじをゆるめ、上下に動かし、クレセント錠受けとの位置を調整した後、取り付けねじを締めます。

クレセント受け

▶ 2ヶ所の調整ねじをゆるめ、クレセント錠がかかりにくい場合は、左方向に、サッシががたつく場合は右方向に位置を調整して、調整ねじを締めます。

025 シャッター・雨戸の作動を確認する

◎シャッターの後付けは雨漏りのリスクを高める

　雨戸は日本古来から使われているものですが、最近の建物では採用されることが少なくなりました。都会では、雨戸もシャッターも設置しない家が増えてきました。設計者がデザイン上、無い方が格好良いと判断することがあります。また、設置しなければ、コスト削減も期待できます。

　入居後、シャッターを取り付けたいという場合がありますが、外壁材を剥がす必要があり、シャッター枠まわりの防水の問題もあり、雨仕舞い上は大変にコストのかかる工事になります。新築工事中よりも後付け工事は割高になり、雨漏りのリスクも高まります。下手に工事を行うと、今まで雨漏りしなかったところから雨が漏りだしたということもあります。

　後から付加するだけのものは、後から追加できますが、外部をさわらなければならない工事は、本来はよく考えて最初から設置しておかなければなりません。住宅建設では、短時間でいい加減に結論を出して後悔することが多いです。メンテナンス担当者は、自分の責任ではありませんが、後から苦労させられます。

◎シャッターのチェックポイント

　ます、シャッターボックスの内部を確認します。古い建物では、壁側の仕上げ部分に木部が見えていることがあります。防水については現場対応になっていて、防水工事がなされていないこともあります。見た目にはわかりにくいですが、これでは雨漏りのリスクが高まります。雨水のついたシャッターを巻き上げると、すぐに建物内部へ浸入してしまうのです。

　右の写真は、維持管理が劣悪な現場の例です。錆びついたシャッターボックスをあけると、木部が見えており、相当長期間雨水の浸入があったようです。新築時点での仕事が悪かったわけですが、メンテナンスも適正にされていません。入居者も放置し続けたわけです。これでは建物全体の寿命も延ばしようがなく、いわゆる"30年住宅"になってしまいます。入居者に建物に対する愛情がなければ、対応のしようがありません。

　日ごろのメンテナンスとしては、シャッターが重く感じたら、潤滑油をさしておくことが重要です。潤滑油は常時携帯しておきましょう。

錆び付いたシャッターボックス

▶ 錆び付いたシャッターボックスから判断して、入居者による維持管理状態は悪く、心が通っていない最悪の状態です。補修費用もコストアップになります。

026 外壁からの雨漏りがないか？

◎**外壁から雨漏りしやすい箇所**

外壁から雨漏りしやすい箇所として、「穴をあけるところ」と「取り合い」が重要です。たとえば、下記のような部位があります。

①アスファルトフェルト捨て貼り
②外壁サイディングの浮き
③サッシ・シャッターボックスのコーナー
④サッシまわり（上部水抜き）
⑤妻換気口
⑥換気口・換気レジスターのフィン
⑦庇
⑧配管の外壁貫通部
⑨化粧胴差・化粧軒桁
⑩アール屋根・アール壁

◎**散水試験で実際に漏れるかどうかを調べる**

これらの箇所から実際に水が漏るか確かめるために"散水試験"を実施します。これは1日ではできません。水が出てきても、雨が漏れるという証明にはなりますが、それですべてかどうかはわからないからです。雨水の出口が1ヶ所であったとしても、雨水の入口も1ヶ所とは限りません。入口が複数箇所あることは通常に起こります。ここが難しいところで、すぐに雨水浸入口であるとの結論を出さず、慎重に試験を継続しなければなりません。30分の散水試験で十分かは疑問です。2時間試験して出ることもあります。

雨が漏らないという証明はできないのです。**散水の継続時間・場所・方向により、条件は無数にあります。**したがって、雨漏りを補修しても、すぐに再発することが多いので、**時間をかけて、慎重に散水試験を行いましょう。**

また、室内から見る雨漏り跡について、入居者は気づいているはずですので、聞き取り調査をします。その周辺ならびに上部に雨漏りの可能性の高い部位がないか見当をつけます。これらが、大きなクレームにつながる芽になるのです。雨漏りを原因とする、民事調停事例や裁判事例もたくさんあり、**解決には多くのエネルギーとコストと時間を必要と**します。

サッシ上部の水抜き穴

▶サッシの上部に、水抜き穴を設置している場合があります。上横枠で雨水を受けるために、排出口を確保しています。レベルの高い住宅会社です。

サッシ下端の捨て防水紙

▶サッシの下部に、防水紙を事前に段取りし、サッシ枠取り付け前に捨て防水紙を施工します。外壁下葺き材の施工時には後から差し込みます。

027 壁体内に結露が発生していないか？

　北側の外壁にカビや藻が発生していることがあります。見た目は悪いですが、珍しい現象ではありません。原因は、断熱性能上の問題によって壁体内に起こる内部結露です。

◎施工上の問題で壁体内に水が入る場合

　住宅の外壁には、通常ロックウールやグラスウールなどの断熱材を入れます。これらは、現場での施工性は良いのですが、毛細管現象によって水分を吸います。水分を吸った断熱材は、断熱性能が著しく低下します。壁体内に結露が発生したら、その水分は断熱材が吸います。昼間と夜間の寒暖の繰り返しにより、結露と蒸発が繰り返されると、きわめて早く、カビ・腐り・白蟻などの被害につながります。通常、外壁サイディングには通気工法を採用し、壁体内の換気を通気層に依存しており、また湿気の場合、分子の粒子が小さく、微細な穴でも空気が流れれば、移動するのですが、施工法の納めによっては、壁体内の換気がとれていない場合が多いです。

◎壁にヒートブリッジ（熱橋）がある場合

　結露は、室内（壁体内）の温度・湿度と外気の温度の条件によって発生します。この組み合わせによっては、結露は必ず発生します。たとえば、外気が零度で、断熱していない室内を快適に暖房すると、結露が発生します。

　外壁のなかに断熱材を入れる内断熱工法の場合には、断熱材の入らない構造柱・間柱・桟は木です。木は断熱材ほど断熱性能が良くありません。木は鉄よりもはるかに断熱性能は良いのですが、断熱材にはかないません。特に北側の外壁に多いのですが、筋が見える場合があります。断熱材の入っている所と断熱材の入っていない柱・間柱の差です。断熱材の内と外を貫通して熱を伝達するこの部位を"ヒートブリッジ"(熱橋)と言います。外壁と内壁の間にある柱やビス・ボルトなどが熱を伝え、外壁全体の断熱性能を下げることで、結露につながるのです。

◎室内の湿気が壁体内に入ってくる場合

　壁体内の内部結露を防ぐ方法は、室内の湿気を壁体内に入れないことが考えられます。室内に湿気を発生させない住まい方が重要です。

　観葉植物を室内に多数置く。洗濯物を室内に干す。熱帯魚を飼う。風呂の

蓋を開けっ放しにする。トイレの便器蓋を開けっ放しにする。開放型のストーブをつける。なかには、ストーブの上にヤカンを置いて、沸騰状態にする場合もあるかもしれません。湿気を出しまくる、住宅の耐久性の観点からは最悪の住まい方と言えます。そのような家では、換気がされれば良いのですが、たいていは**換気不足による結露発生から、カビが大量発生**しています。

　室内にはコンセントやスイッチプレート類が多数ついており、それらから湿気が壁体内に容易に浸入します。また、室内から石膏ボードを通って壁体内に湿気が移動します。寒冷地では、石膏ボードの下地としてビニールシートを防湿層の意味で施工しますが、温暖地では職人も慣れておらず、施工しません。施工するとしても、断熱材に最初からついているビニールだけです。したがって、断熱材の表面のビニールが破れたり隙間が見えたりすると、不可です。なかには、少しでも断熱材の隙間をなくそうと、ロックウールだけをビニールを外した状態で小さな隙間に詰め込んでいる事例もあります。これでも職人は配慮したつもりなのですが、ついでにビニールも入れてくれれば、もっと配慮したことになるのです。現場任せになっている上、職人にも指示する立場の監督にも知識がないのが現状です。

028 外壁と配管・配線の取り合いはどうか？

◎**外壁を破る配管部分は要注意！**

建物の設備工事を行う際、外壁にスリーブ穴を開けてパイプを通すのですが、取り合い部は、丸い配管と外壁とが交わるところとなり、施工しにくく、雨水がまわることがあります。**配管を貫通させることは、外壁の防水を破る**ことになりますので、防水テープや透湿防水シートを駆使して、雨水が浸入しないように施工します。

外壁の下葺き材であるアスファルトフェルトや透湿防水シートを、配管部は丸く（アールに）巻き、配管は外壁と直交させて、フラットに張り付けます。通常の防水紙だけでは、うまく施工できません。職人はカッターナイフで切って、適当に納めています。適当ですから、見た目にはわからなくても、ピンホールがあいていることになります。シーリングでもっているだけです。

防水テープに伸縮性がなければ、小さく切り刻んで、無理に施工することになります。**伸縮性のある粘着防水テープでなければ、一体的に施工できません**。雨水浸入防止のため、**配管と外壁下葺き材を確実に一体化させなければなりません**。そのための手段として、伸縮性のある防水テープを使用します。昔は伸縮性のある防水テープはありませんでしたので、外壁下葺き材にシーリング材を施工して、深く見ないふりをしていました。

職人と工事監督がコミュニケーションをとって材料を段取りし丁寧に施工することが必要です。職人任せでは、現場にある材料だけで納めざるをえませんから、バラつきが生じるのは当然です。

◎**点検時のポイント**

定期点検時に、劣化の進行具合を判断するため、外壁とパイプの取り合いを観察します。濡れた跡がついていたら、雨水がまわって、構造体を傷めている可能性が高く、外壁をはがすと木部が腐っていることが多いです。

放置すると悪化するだけですから、早い補修工事の実施により、被害を最小にとどめることができます。現場では、どうにもならなくなってから対応することがありますが、被害が拡大してからでは、補修費用も工事範囲も大きくなるだけです。メンテナンス担当者が、いかに早く劣化の兆候を見つけるかにかかっているのです。

外壁を貫通する雨樋

▶ 外壁と雨樋の取り合い部には雨垂れの跡が見えます。かなり以前から漏れている形跡です。これだけ酷くなると、内部の構造体にも悪影響が出ています。はがせば合板や構造体の腐りが相当進行しているはずです。

外壁を貫通する電気配管取り合い

▶ 外壁下葺き材と電気配管の取り合いです。伸縮性のある防水テープが配管と壁面の両方にきっちり巻かれており、完璧に一体化施工できています。この部位から雨が漏れることはありません。工事中には確認しておきたいポイントです。

外壁を貫通するスリーブ

▶ 外壁下葺き材とスリーブ管の取り合いです。樹脂製の役物で配管と壁面が一体化施工できています。丁寧な施工で誠意を感じます。これなら雨は漏りようがありません。かなりレベルの高い施工業者と言えます。

3 外壁の確認

雨漏り診断

　雨漏りの診断は難しく、取り組む姿勢が重要です。一切の先入観を捨て去り、真剣に取り組みます。雨漏りで困っている入居者に対して、誠意をもって対応しなればなりません。雨漏り診断には、基本5原則があります。

第1原則:「現状を正確に把握する」
　①建物の構造の確認（木造・2×4・パネル・RC造・SRC造・S造）
　②工法の確認（外壁・屋上・シーリング・各部位の工法と材質）
　③築年数
　④修繕履歴
　⑤環境の把握（周辺環境・地理的傾向）

第2原則:「入居者に対し、問診を徹底する」
　①雨漏り発生箇所の正確な確認
　②雨漏りの時期と履歴
　③雨漏り時の気象状況（雨の強さと量・風の強さと向き・タイムラグ）
　④雨漏りの状況（漏水量・漏水のスピード・漏水の色）

第3原則:「多くの仮説を立てる」
　①原因となりうるすべての箇所
　②あらゆる可能性を排除しない

第4原則:「冷静な観察をする」
　雨水が浸入する入口側の目視と触診
　　目地シーリングの状態・建具まわりシーリングの状態・防水劣化の状態・外壁劣化の状態・ドレンの状態・外壁貫通部・換気口まわり・配管配線の貫通部

第5原則:「水は上から下に流れる」
　①雨漏り現象がある以上、必ず浸入口がある
　②遠い場所よりも近い場所の方が、可能性が高い
　③毛細管現象の可能性もある
　④建物内外の気圧差の可能性もある
　⑤結露の可能性もある

（出典：NPO法人 雨漏り診断士協会 ホームページ、http://www.amamorishindan.com/）

第**4**章

屋根の確認

屋根のメンテナンスは
とっても大事なんだよ。

029 屋根材の劣化状況はどうか？

◎**屋根材の劣化状況は目視で確認**

　入居者が気づきにくい場所ですが、瓦やカラーベストなどスレート類の屋根材のひび割れや、ズレ、欠け、退色状況を目視確認します。屋根に上がるためにスライドハシゴを持参します。墜転落災害を起こさないように、安全上の配慮が要求されます。スライドハシゴで屋根に上がるのは結構怖いです。年配者の場合には、若い人に比べ、災害の可能性が高く、特に気をつけなければなりません。ただし、6寸勾配以上の屋根の場合には、労働安全衛生法により**屋根足場の設置**が要求されますので、屋根の上に上がることはできません。離れて目視確認する程度になります。

◎**点検のポイント**

　屋根材は、外壁材に比較して、雨と紫外線が直接あたり、もっとも多く影響を受けるところですから、劣化の激しいところです。通常、10年目と20年目には、屋根材の塗装その他の補修工事が必要とされています。30年目に全面葺き替えというのが標準サイクルです。

　屋根材の退色などの表面的な劣化については、直接雨漏りにつながるわけではなく、見栄えが悪いだけです。雨漏りが起こるかどうかは、2次防水に相当するアスファルトルーフィングなどの下葺き材によります。1次防水に相当する屋根材だけで雨漏りを防ぐわけではなく、下葺き材の上には若干の雨水が流れます。1次防止＋2次防水のセットで考えています。

　目視では、肝心の下葺き材の劣化の程度まではわかりません。点検時に仕上げ材を外して、その下まで見ることは事実上不可能です。屋根材の劣化状況から推測するわけですから、現実に雨漏りが発生していなければ、しばらく現状のままで様子をみましょうという結論になります。

　屋根材の苔・藻・カビ類については、外壁同様、高圧洗浄で落とした後、防黴剤塗布、塗装の順番になります。新規受注が難しくなってくると、住宅会社では、仕事の確保のため、メンテナンス・リフォームに力を注ぎ、吹付け補修などの有償工事の営業に邁進します。技術者としては、単なる営業だけではなく、入居者の気持ちをふまえ、劣化状況とメンテナンスの必要性とコストを総合的に判断して、より適正な提案を行わなければなりません。

屋根材にカビ・苔

▶築10年経過した、雪国の屋根材料の劣化状況です。雪止めがあるように、冬場には雪が常時屋根の上にあります。カビ・苔が目立ちます。

スライドハシゴで屋根に向かって出陣

▶屋根に上がる時には、安全上の配慮を。年配者は特に気をつけましょう。屋根勾配が6寸以上になると安全上、屋根足場が必要となります。

030 屋根材の板金は錆びていないか？

◎屋根材板金の錆は早期対処が有効

　屋根材料の種類によりますが、端部や棟・隅棟・谷には板金を用います。また、見えない部分には"捨て板金"として施工されています。板金も、表から見えるところでは1次防水になりますから、完璧ではありませんが、板金施工のおかげで、雨が漏れにくくなっています。

　亜鉛メッキなどの防錆処理のされた鋼板でも、長期間のうちには、雨水・紫外線による劣化が起こります。屋根の上は入居者による点検が難しい場所で、異常に気づきにくいところです。なかには、相当の錆びが始まっている場合もあります。亜鉛メッキされた鋼板であれば、亜鉛特有の現象として"**犠牲防食**"があります。表面の亜鉛が錆びることにより、内部の鉄を錆びから守るのです。この作用により、かなりの耐久性が確保されます。表面の錆びを放置してさらにひどくなると、内部の鉄に錆びが始まります。そのまま放置すると、進行する一方です。錆びを落として、下塗りの錆び止め、上塗りの順番に再塗装になります。

　外部の鉄部は本来錆びるもので、定期的メンテナンスは必須です。初期の錆びの段階で対策を講じると長持ちします。再塗装は雨漏りと同様だから保証期間内は無償で工事せよと主張する方もありますが、有償工事になります。

◎塗装工事の目安は10年

　メンテナンス間隔の目安は、やはり10年です。10年という一区切りの時期に、外部の屋根・外壁まとめて1回の足場で、一通りの点検ならびにメンテナンス工事を実施することで建物の延命を図ることが可能です。20年目にも同様の工事を行い、30年目には取り替えというのが標準です。メンテナンスを行わない場合、「30年住宅」で終わる可能性が高くなります。メンテナンスによる建物の延命は、1年当たりのイニシャルコストを大きく引き下げることになり、入居者にとって、大いにメリットがあります。

　勾配がきつくなく、下屋など2階の窓から出ることができれば、足場を設置しなくても塗装は可能です。本来は入居者が、家族とともに塗装作業を行うと良いのですが、行わないならば、せめて10年に1度はプロを入れて、足場を掛け、本格的に塗装することになります。

屋根鋼板材の錆びがひどい

▶入居者には屋根が見えないため、気づきませんが、上方の家からみると、ひどい状態がよくわかります。ここまでひどくなると、再塗装では対処不能です。

屋根材の棟板金の錆びがひどい

▶カラーベスト屋根の棟・隅棟の板金だけが異常に錆びてひどい状態です。穴が開く手前で、雨漏りリスクが高まっています。

031 屋根材にヒートブリッジはないか？

◎吹き抜けの家の屋根は結露しやすい

屋根材に結露が発生し、くっきりと垂木のラインが見えていることがあります。外壁の"ヒートブリッジ"（熱橋）はよく見かけますが、屋根のヒートブリッジは珍しいです。小屋裏が吹き抜けで、天井が斜め勾配天井になっているために屋根の断熱性能が悪いと、このような現象が生じます。

住宅では、屋根の直下に断熱材を入れる屋根断熱ではなく、2階の天井に断熱材を全体に敷き詰める天井断熱が通常です。つまり小屋裏の温度は、外気の影響を大きく受けますから、屋根面との温度差はなく、屋根面には結露しないのです。

しかし、住宅の内部が吹き抜けになっており、屋根の直下まで居室の温度になっていると、屋根面での外気との温度差が大きくなります。ただ、屋根全体に結露が発生しているわけでなく、部分的に結露しているのみで、また、施工の悪い部分のみに結露が発生しているわけではないので、斜め天井部の断熱材が薄いか、入っていないことが考えられます。

斜め天井部分は、大工職人が断熱材を施工しにくいところです。大工が天井施工時に、ロックウールやグラスウールといった断熱材を順番に入れていくのですが、いざ小屋裏に上がってみると、隙間や重なりがあり、うまく施工できません。しかし、施工しにくいからといって、隙間だらけでは困りますので、丁寧な施工が求められるところです。

◎結露は夏よりも冬の方が発生しやすい

外気の温度と小屋裏内部の温度の差によって、結露が発生するのですが、室内外で温度差がある夏や冬は結露が発生しやすい季節です。たとえば、冬場は外気0℃、室内20℃で温度差は20℃になります。夏場は外気35℃、室内がクールビズ推奨の28℃で温度差は7℃になります。つまり冬場の温度差の方が夏場よりも3倍大きくなりますので、**夏結露よりも冬結露の方が発生しやすい**ことになります。問題の屋根の結露も夏場には少ないです。

ヒートブリッジが発生するのは断熱性能の悪い家です。冷暖房効率が悪く、光熱費も割高になります。現在では、エネルギー問題への関心の高まりから、高気密・高断熱住宅が推奨されています。

「垂木のラインが
くっきりと見えてますね。」

「断熱材を
忘れたんじゃないの！」

屋根のヒートブリッジ

▶垂木のラインがくっきりと見えています。敷地の温度条件に対して配慮がなく、断熱性能が悪いということになります。

冬の寒い日に屋根のヒートブリッジが

▶屋根面における温度差による結露現象です。屋根面の結露している部分は、室内の温度が伝わって暖かくなっています。

032 屋根材シーリングの劣化状態はどうか？

◎シーリング材の寿命は10年

　屋根材のシーリング材は、1次防水として雨漏りを防いでいます。1次防水であるシーリング材のみに頼った雨漏り対策では、長期的な効果は見込めず、いずれは雨漏りが再発することになります。雨漏り対策は、2次防水とセットで考えなければなりませんが、その前提として、1次防水としてのシーリングを計画的にメンテナンスしていく必要があります。

　シーリング材の耐久年数は約10年と言われています。シーリング材の品質もかなり改善されてきましたが、古い建物では品質の劣るシーリング材が使用されている場合もありますので、シーリングの寿命はもっと短くなります。また、10年というのは、**シーリング施工において、適正な幅と深さが確保できている場合**の話ですから、条件が悪ければ、さらに耐久年数は短縮されます。適正な幅と深さの数値は、シーリングの種類により異なります。雨・紫外線の量を考えると、外壁よりも屋根の方が環境条件は厳しいため、劣化の進行は早いのです。

◎10年経過すればすべてはがして再施工する

　屋根の上は、入居者には点検しにくく、異常に気づきにくいところです。メンテナンス担当者が定期点検して初めて劣化状況が把握できます。入居者が気づきにくいところをプロが点検し、アドバイスすることになりますので、現場を見ていない入居者にとってわかりやすい説明をこころがけることが必要です。「住宅会社にお任せ」ではなく、入居者として主体的に判断できるような情報を提供することが、長持ち住宅につながります。

　シーリングについては、見栄えの問題が大きい吹付け塗装のメンテナンスとは異なり、10年を超えて延長することは好ましくありません。シーリング材は、10年が経過すれば、劣化状況の有無を問わず、機械的に打ち換えすることを勧めます。その際は、上からシーリング材を追加するのではなく、**前のシーリング材を全部剥がして、新規に再施工する**ことになります。古いシーリング材は、現実にはうまくはがれません。屋根のシーリングは、目地がないため、外壁よりも施工条件が悪く、上から大きく塗りたくるという感覚が強いですが、そのような施工では、当然耐久性の確保はできないのです。

屋根のシーリング材の劣化

▶屋根は紫外線による劣化のもっとも激しい部位であり、シーリング材の劣化も激しくなります。定期的に点検して、原則10年で打ち換えが必要になります。

下屋のシーリング材劣化

▶大屋根は無理でも、下屋がある場合には、素人が上がって点検することも可能です。シーリングの劣化程度で、メンテナンスの目安がわかります。

033 屋根換気トップの固定と劣化状態はどうか？

◎換気トップは効率が良い

　建物の耐久性向上にとって、小屋裏の換気は重要ですが、排気口がとりにくいという問題があります。切妻屋根であれば、妻換気口を設置すれば良いのですが、棟の短い寄棟屋根や方形屋根（棟のない寄棟）の場合には、軒裏天井から排気することになります。暖かい空気は上昇するため、換気効率は悪いです。適当な方法がないから、やむを得ず軒裏換気を計算に入れているだけです。その点、**換気トップは、屋根の最高部から排気するわけですから、効率が良いのです**。

　現状では、換気トップが設置されていない建物は多いです。新しい建物では、屋根形状によっては、設置されることも増えてきましたが、建売住宅などコスト削減が厳しい場合には、性能よりもコストを重視しますので、無視されます。暖かい空気は上昇するという自然現象を利用した換気トップは、小屋裏空間の換気が効率的に行われることで、耐久性が大幅にアップします。コスト以上の効果をもたらすだけでなく、**自然エネルギーの活用**ですから、電気代もかからず、"パッシブシステム"とも言われます。

◎メンテナンスのポイント

　"換気と雨漏りは、相反する要求"であるため、換気トップは、雨仕舞いの良い部材及び施工で設置する必要があります。換気のための穴があいている以上は、条件によっては、必ず雨水が浸入します。その条件とは、雨量と風の強さ、向きです。想定外の風速であれば、雨水は入ります。**絶対に雨水が浸入しないという換気部材はありません**。

　雨水の浸入を防止するために換気口の大半を塞ぐことがありますが、これは不可です。**通常の換気を優先し、めったに発生しない強風時には、浸入した若干の雨水を拭き取ることが正解**です。入居者による雨水の管理です。一切の雨水浸入を許容しないという態度は、住宅では馴染まないのです。

　換気トップは屋根面の最高部に後から付加する部材ですから、劣化の進行は早く、設置条件としては最悪です。高いところは風も強く、台風などで飛ばされる可能性もあり、点検が必要です。実際には飛ばされることがないように固定していますが、屋根の点検時には、必ず注意すべきポイントです。

換気トップ

▶小屋裏換気のために最高部から換気するしくみです。自然換気方式の中では性能が最高で、電気代も不要な自然エネルギー利用です。雨水が入らないように、多くの改善改良が加えられてきました。

換気トップと棟板金

▶換気トップは全棟部に採用することもありますが、部分的に採用することも可能です。残りは通常の棟板金にします。最も環境条件の悪い部位ですから、定期的な点検およびメンテナンスが必要です。

換気トップの詳細

▶換気トップの形状は各メーカーにより様々です。この製品は複雑な形状になっていますが、雨が入ることなく、換気できるように設定されています。数年に一度程度の特別な強風の時には点検が必要です。

034 屋根トップライトと屋根材取り合いはどうか？

◎トップライトは雨漏りのリスクが大きい

　トップライトは、屋根に穴を開けて採光するもので、窓からの採光と比較して3倍の開口面積として計算されます。小さな開口面積であっても、トップライトの明るさは素晴らしいもので、隣と視線を合わせることもありません。トップライトが大好きな設計者・建築主は多く使います。

　その反面、雨漏りのリスクは高まります。屋根に穴を開けるため、**トップライト部材と屋根面との取り合いの問題が生じ、雨漏り条件としては最悪になります**。トップライト部材の高さでは、大きな立ち上がり高さが確保できないため、下葺き材と防水テープと板金のコラボレーションで納めます。

　トップライトのコーナー部4ヶ所の施工は、特に配慮が要求されます。この部位は、通称"3面交点"と呼ばれるところで、屋根野地板・トップライト立ち上がり直角2面の、合計3面が接触するところです。1枚の防水紙だけでは完全に施工できません。職人の仕事をこっそりと見ていると、カッターナイフで切って、簡単に折り曲げて施工しています。3面交点の中心部には**ピンホールができて、穴が開いています**。雨漏りの可能性が高いです。

　捨てシーリングの施工、樹脂製役物の採用、伸縮性のある防水テープの採用など、それぞれ工夫して納めます。方法は一つではありませんが、施工を担当する技術者としては、雨漏りしたら負けということです。雨漏りする可能性の高い部位ですから、念入りに劣化の程度を点検する必要があります。

◎トップライトのガラス面の結露

　トップライトのガラス面の表面結露の心配もあります。特にキッチンにトップライトをつけると、料理の水蒸気が大量発生して、ガラス面が結露だらけになります。ガラスはペアガラスになっているのですが、水蒸気量が多く、温度差があれば、結露します。トップライトの設置位置は、天井よりも高い位置が多く、結露水を拭き取りにくいので、放置されがちです。ガラス面の勾配に沿って流れた結露水は、隙間から内部に浸入します。毎日繰り返されると、すぐに木部は腐り、腐朽菌・カビにつながり、入居者の健康に悪影響を及ぼします。

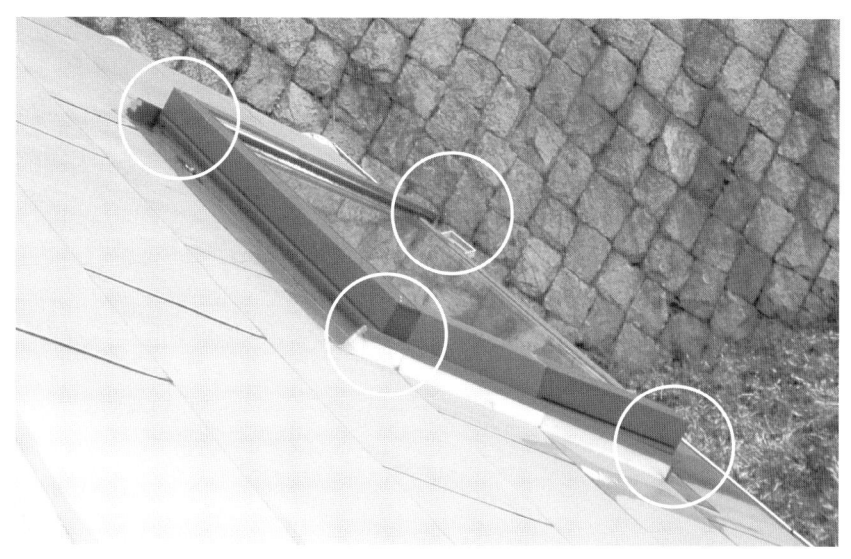

トップライトの出隅コーナー部には3面交点が4ヶ所ある

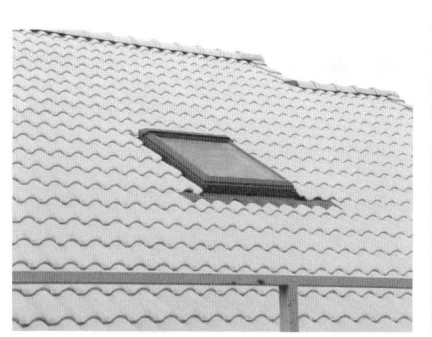

瓦屋根のトップライト

木製トップライトの結露

トップライトの劣化

トップライトの雨漏り

035 軒樋の雨水流れはよいか？

◎点検のポイント

　雨樋、特に軒樋の異常については、目視で確認しにくいため、入居者からの聞き取り調査がメインになります。雨樋は外部に露出する塩ビ製品が多く、耐久性があるとは言えません。軒樋の受け金物のピッチは、雨樋メーカーの仕様にもよりますが、通常300〜900mm間隔で、地域によっては雪の影響を考慮して細か目につけます。ピッチが粗いと、勾配が確保できずに、雨水が溜まることになります。

　軒樋の最小勾配は 1/1000 とされています。勾配が緩いと、雨水が溜ってしまいます。経年により勾配が変わることもあります。少しでも変わると、常時、水が溜まっていることがあり、ヘドロ状態になってしまいます。住宅で雨水がプール状態になっていることは問題で、いずれは漏れてきます。

　軒樋と集水器（あんこう）の取り合いや、軒樋の継手部分が外れていて、雨の日にはじゃじゃ漏れになっている場合があります。室内に雨水が浸入してくるわけでもないので、気にしない入居者が多いのですが、取り合い部からの劣化が激しくなります。

　軒樋を、「隠し樋」として外部に露出させずに建築化する場合もあります。デザイン上は素晴らしいのですが、メンテナンス上は疑問です。オーバーフローなどのトラブルの際、直接建築本体に被害が出ますので、より十分な管理が求められます。

◎葉っぱやテレビアンテナによって雨水の流れが遮られることも

　軒樋の詰まりはよく見られる現象です。樹木の多いところでは、葉が堆積してしまい、常時雨水が滞留することによって、苔が生えています。この場合には、軒先の劣化が激しくなりますので、長く放置してはいけません。葉の堆積状況は、目視でわかりますので、入居者に管理してほしいところです。

　テレビアンテナを固定するワイヤーを軒樋受け金物に取り付けている場合があります。雨の日には、ここから雨垂れが落ちています。風力により引っ張られ、軒樋の勾配が変わってしまうこともあります。本来は取り付けてはいけないのですが、街の電気屋さんは勝手に取り付けてしまいます。アンテナ工事は別途工事が多く、住宅会社の関知しないところになっています。

軒樋の外れや水溜り

▶ 管理が悪く、放置されている事例です。軒樋も欠損して、屋根も錆びだらけで、建物の寿命も短くなります。入居者の意識の問題もありますが、メンテナンス担当者も訪問していないと思われます。

軒樋の勾配を確認する

▶ 軒樋の点検にはハシゴが必要です。軒樋の外れ・勾配・水溜り・詰まり・アンテナのワイヤーなどを点検します。集水器周りも問題が多いです。

036 軒の出が短い住宅は要注意

◎**軒の出の短い住宅が増えている**

建物の軒の出が短いほど軒先周りは劣化しやすいと言えます。軒先にまわった雨水が切れずに下部にまわり、雨漏りの可能性が高まるのです。最近では、新築時に、軒の出が300mm以下の場合、大工の小屋組作業中に、事前に"捨てフェルト"を入れてから施工することもあります。昔は捨てフェルトは施工されていませんでしたが、雨漏り対策として、工夫されたものです。

昔の多くの家は軒の出を十分にとっていたのですが、現代の都会の狭小地に建設する場合には、軒の出がゼロに近くなることもあります。敷地条件だけではなく、デザイン上の理由で軒の出をとらない場合もあります。夏場と冬場の日射角度を考えると、軒の出は深い方が良いことがわかります。強風の吹きぶりに対しても、深い軒の出は有効です。**日本の気候では、軒の出が少ないことは決して良いことではないのです。**

設計者によっては、「雨漏りは、施工者だけが悪い」と考えていて、「デザインに合わせて、雨が漏らないように施工するべきだ」と言う人もいます。確かに雨漏りは、施工者の責任ではありますが、雨の漏りにくい設計というものもあるのです。

◎**メンテナンスのポイント**

メンテナンスの立場としては、設計変更はできませんので、雨漏りしている部位、雨漏りの可能性の高い部位を補修・補強するしかありません。メンテナンスする立場では、劣化の程度を判断して、対策を講じます。**いかなる設計であろうとも、現場で施工を工夫することにより、雨漏りしないようにすることは可能です。**一言でいえば、手間を惜しまないことです。手間を惜しむと、後で手痛いしっぺ返しで、恥をかくこともありますから、技術者としてよく考え、行動することが重要です。

そうはいっても諸般の事情もありますから、シーリングだけでとりあえず雨漏りを止めることもあります。その場合には、雨漏り再発の可能性について懇切丁寧に説明しなければなりません。本格的に雨漏りの補修工事をする場合には、費用も時間もかかります。散水試験も時間をかけて徹底的に行い、浸入口を的確に見つけることが重要になります。

軒の出のない建物

▶軒の出のない建物では、雨漏りには特別に注意して施工しなければなりませんが、一般的に普通通りの予算で普通通りに施工されてしまうことが多いです。

破風・鼻ともに、軒の出がないデザイン

▶軒の出がゼロの建物です。敷地条件よりもデザイン上の判断によるものです。外壁面には雨や紫外線を直接大量に受けています。

037 フラットルーフのドレン周りとパラペットはどうか？

◎フラットルーフは雨水の排水に問題が多い

　屋根の勾配がほとんどない、"フラットルーフ"というものがあります。"陸屋根"（ろくやね・りくやね）とも言います。雨水が流れるためには、屋根には勾配があるものだと思う方には考えられないことかもしれません。

　住宅の屋根勾配は通常、屋根材料の種類と、流れ長さにより、（下辺10寸に対して）3寸以上6寸未満です。6寸以上の勾配では、屋根足場を設置しなければならないため、割高になります。屋根材料メーカーは、雨漏り対策として、材料により基準勾配を設定しています。

　鉄筋コンクリート造住宅なら、陸屋根の防水仕様が通常に採用されますが、木質系の住宅でありながらフラットルーフを採用したがる場合があります。構造が変わると当然、雨漏りのリスクが高まります。**勾配がないということは、雨水が滞留することですが、本来雨水は、速やかに排出すべきものです。**水が溜まると、劣化が激しくなります。このような勾配では、屋根というよりは、防水として考えなければなりません。

◎パラペット・ドレン排水まわりが弱点

　フラットルーフは、端部が"パラペット"になります。パラペット方面へ流れる水を受けることになりますので、立ち上がりが少ないと漏りやすく、笠木の天端裏も漏りやすいです。

　ドレン排水まわりが特に弱点になります。落ち葉が積もって、流れにくくなることもあります。普段の掃除もしにくい状態であり、異常にも気づくことはありません。ドレンまわりは、各種部材が接着されており、必ず劣化が進行しますから、いずれは雨漏りになります。定期点検で必ず確認すべき部位です。外部に後から取り付けする軒樋と違って、パラペットは建築の一部ですから、リスクになります。"建築化"するとデザイン上は良いのですが、メンテナンス上は問題となることが多いのです。

　フラットルーフのある家では、メンテナンス担当者が活躍する機会が増えます。基本的には、入居者がスライドハシゴを使わずにフラットルーフの上に上れるように設計しておけば、メンテナンスもやりやすくなるのですが、メンテナンスしやすいという観点で設計されることは少ないと思います。

> ここの排水が詰まらないように掃除してくださいよ。

> 掃除が面倒なのよね…

フラットルーフのパラペットの排水

▶フラットルーフには雨水によるヘドロや落ち葉が堆積しますから、定期的な点検が必要です。雨が漏って初めて落ち葉の堆積が原因とわかることもあります。

立ち上げが少ないフラットルーフ

▶フラットルーフを採用していて、パラペットの立ち上げが少なく、雨漏りの可能性が高いデザインです。完璧な施工を求めるなら、それに見合ったコスト・工期・職人のレベルが必要となります。

038 屋根からの雨漏りがないか？

◎**点検のポイント**

入居者からまず聞き取り調査を行います。屋根からの雨漏りが起こりやすい箇所は、外壁と同様、穴を開けるところと取り合いです。ここでも1次防水＋2次防水のセットで考えます。つまり、2次防水の下葺き材であるアスファルトルーフィングの施工が生命線になります。

たとえば、屋根における雨漏りしやすい部位の候補を挙げますと、

① フラットルーフ
② 屋根からの取り合い立上がり部
③ 本体〜下屋軒先取り合い
④ 水を堰き止める
⑤ 片棟・片流れ屋根
⑥ パラペット立ち上げ
⑦ アスファルトルーフィングのタッカー
⑧ 軒の出なしのケラバ
⑨ トップライトまわり
⑩ ドーマー・煙突・換気トップ

これらの雨水浸入口の候補を確かめるために、雨漏りを再現する散水試験を実施します。

散水試験をすれば、「雨漏りする」という証明は簡単にできます。浸入口を的確に見つけだして、実際に水を出すのは難しいのですが、理論は簡単です。ところが、「雨漏りしない」という証明はできません。散水の継続時間・場所・方向により、条件は無数にありますので、1時間の散水試験で出なくても、3時間の散水で出ることもあります。永久に証明できないものであり、これを"悪魔の証明"と言うこともあります。補修工事が終わってしまうと、「これで雨は漏りません」と言わざるを得ませんので、自分が納得できるまで散水試験に時間をかけることが重要です。手間を惜しみ、結論を急げば、後から恥をかくことになるかもしれません。

◎**訪問販売業者によるリフォームは入居者にとって大きなリスク**

悪徳リフォーム業者による「訪問販売」が問題になっています。受注金額

下葺き材の劣化状況(築30年)　　　　下葺き材劣化による雨漏り

▶下葺き材のアスファルトルーフィングを触ると、劣化が激しく、破れました。

が500万円未満の工事では、建設業許可が不要のため、悪徳リフォーム業者がはびこるのです。行政指導を受けても、会社を倒産させて、社名を変えて、詐欺行為を続けることができます。

　悪徳リフォームの多いのが、屋根・外壁・床下・小屋裏工事です。技術レベルが低い工事や、意味のない耐震補強を平気で行います。相場のわからない部分が多く、悪徳業者のやりたい放題という結果になりがちで、訪問販売によるトラブルの多さは圧倒的です。

　「無料点検」「モニター」「キャンペーン中」などの言葉を使って値引き商法を展開し、消費者が1度契約すると、「カモ」の名簿が出回るようで、次から次へとやってきます。契約を渋ると脅されることも多いようです。

　住宅会社の保証期間中（雨漏りは10年）に訪問販売による他の業者が屋根に工事をした場合は、どうなるのでしょうか。工事後に屋根から雨漏りした場合、本来は住宅会社の保証期間内ですから、無償で補修されるはずですが、住宅会社によっては、他の業者が仕事をした以上は、免責を主張します。雨漏りの責任の所在が曖昧になっていくのです。

　入居者にとって、10年の保証期間内に住宅会社以外の業者を「安いから」といって入れることは、大きなリスクを背負う結果につながりかねません。肝心の構造や雨漏りの保証期間が切れてしまうのです。少しのお金を節約して、多くの損失を被るという、入居者の不利益になる可能性があります。基本的には、新築した住宅会社によるメンテナンス点検を継続することが必要ですので、メンテナンス担当者としてはそういった説明も心がけたいところです。

コラム 4

安全第一

　1906年、アメリカの鉄鋼メーカー、U. S. スチール社のゲーリー社長は、労働者の災害が多発している状態を見て、**「安全第一、品質第二、生産第三」** を社是に掲げました。これを徹底したところ、災害の発生件数は減少し、同時に製品の品質や生産性も向上しました。それまでは、整備の行き届かない設備などにより、労働者が落ち着いて作業できる環境ではありませんでした。しかし、「安全第一」の標語のもとで安全管理を行ったことで、労働者が安心して作業できる環境が生まれ、結果として、品質も生産性も同時に改善されました。

　それ以来、「安全第一」という言葉だけが、特別に扱われるようになりました。「安全第一」という言葉は、100年以上の歴史のある、重たい言葉なのです。

　日常生活において、「安全」と「危険」の間に存在する「不安全状態」があります。企業の生産活動でも同じことがいえます。この「不安全状態」を取りのぞくことが、「安全管理」の考え方です。「安全管理」を正しく行えば、労働災害を未然に防止し、災害時に最善の処置が行えるようになります。

　企業の存続を左右するといっても過言ではない「安全管理」についてですが、どのような時代であっても、企業活動のなかで、労働災害の回避は、企業が担う大きな社会的責任です。万が一にも事故・災害が発生すれば、企業はその責任を問われ、今まで培ってきた信用を一気に失墜させてしまいます。生産現場で「安全第一」といった標語をよく目にしますが、このような意味があります。

　建物のメンテナンスを行う際、屋根に上り、小屋裏に入りますが、入居者の前で、事故・災害を起こす可能性があります。慎重に行わなければなりません。

　事故・災害の発生確率は低く、めったには起きません。しかし、今日まで発生していないからといって、明日も安全であるという保証はありません。

第5章

バルコニーの確認

パパー、ベランダがぐらぐらだね。

039 FRP防水の表面劣化はどうか？

◎ FRP防水によって設計の自由度が高まった

　住宅現場の防水は、昔はアスファルト防水でしたが、今ではFRP防水が主流になっています。FRPとは、繊維強化プラスチック（Fiberglass Reinforced Plastics）の略称で、ガラス繊維などの強化材で補強したプラスチックという意味です。

　防水品質が優秀であるため、FRP防水の出現で、設計上の規準が緩和されてきました。昔はバルコニーの下には居室が禁止されており、バルコニーを外部へはねだして、構造は柱で受けていました。万一雨で漏れても、影響を最小限にとどめていたのです。FRP防水の普及とともに、メーカー保証もあるため、平気でバルコニーの下に居室を設計するようになり、プランの自由度は増しました。

◎ メンテナンスのポイント

　FRP防水の性能が良いといっても、材料品質の話であり、施工品質については、現場で職人が施工するわけで、不具合が生じる可能性は残ります。現場によっては、FRP防水が激しく劣化している場合もあります。気象条件や下地の含水率なども含めて、正常な施工がなされなかった可能性もあります。

　FRP防水の劣化を防ぐために上に化粧ブロックを設置すると、紫外線があたりませんから、劣化の進行は緩やかになります。一方、化粧ブロックの下にヘドロが溜まりやすくなります。化粧ブロックなしで露出した場合には、紫外線劣化は激しくなりますが、ヘドロ状態はなくなりますから、劣化の進行は同じようなものでしょう。

　防水性能は、建物の耐久性に大きく影響する重要なところですから、**劣化のいかんにかかわらず、10年ごとに塗り直しすることが、妥当な判断です。**屋根や外壁は劣化の程度により、10年よりも多少延長もできましたが、防水は10年と20年で施工すべきです。30年目には、**全面やり直しになります。**シーリング材の更新と同じ扱いになります。

　メンテナンスの立場としては、構造と雨漏りは10年保証ですから、バルコニーの防水は重要な位置付けになります。10年塗り替えの必要性などは、急に説明するのではなく、日ごろから説明しておかなければなりません。

FRP防水の劣化状況

▶ FRP防水の10年目の劣化状況ですが、放置され続けた結果、かなり傷んでいます。これでは雨漏りもするはずです。当初の工事に、含水率や天候などの点で、問題があった可能性もあります。

防水の上にモルタル 　　　　化粧ブロックを外す

▶ 防水の上に仕上げがある場合、モルタルなど外せない場合には点検不能となります。化粧ブロックを置くだけの場合には外して点検できます。ヘドロが溜まっていることも多いです。

040 バルコニードレンまわりはどうか？

◎ブロックの下がヘドロ状態になっていないか

　バルコニーはトラブルの多いところです。住宅の南面に設置することが多く、雨と紫外線による劣化が激しいです。バルコニーの建設費は、かなりかかっているのですが、奥行きの小さいバルコニーは使いにくいようで、洗濯物干し程度で、積極的に活用されていません。しかし、劣化の進行で考えると、**定期点検時には必ず確認しておくべきところ**です。特に排水口となるドレンまわりが重要です。

　住宅で多用される防水はFRP防水です。その上に、耐火性・化粧性の確保のために化粧ブロックが設置されていることもあります。現在は、認定が緩和され、FRP防水露出でも可能ですが、昔は耐火被覆の意味でブロックを防水の上に設置しなければなりませんでした。ブロックには防水性能はありませんので、耐火性能確保が目的です。

　FRP防水が露出している場合には、掃除が楽ですが、上にブロックが設置されていると条件が異なります。FRP防水の上は、水が流れるところですから、流れるスペース確保のために、メッシュを敷いた上にブロックを設置します。それでも、水が流れにくいです。多くの場合、ヘドロ状態になっています。耐久性上、良いはずがありません。

　特に雪国では苔が生えていることもあります。常時積雪状態ですから、バルコニー手摺壁が浸水していることになります。外部にはねだしているバルコニーは被害が少ないですが、下部に居室がある場合にはリスクになります。

◎ブロックをはがして現状を見せておく

　入居者はまず、ブロックをはがして掃除することはありません。メンテナンス担当者による定期点検時に、ぜひはがしたいところです。メンテナンス担当者が忙しいなか、面倒くさいということで、省略されがちです。メンテナンスという仕事の特性上、面倒くさいという感覚は、排除しなければなりません。入居者との点検約束の際には、それなりの時間を確保しなければなりません。効率ばかり優先してはなりません。ぜひともブロックをはがして、**入居者に現状を見せておくこと**です。掃除はされなくても、見せておくことに意味があります。

バルコニードレンまわりの水溜り

▶ バルコニードレンまわりは、常時湿潤状態になっています。落ち葉の堆積があり、苔も生えています。このような状態で放置され続けると、劣化も進行しやすくなります。居室の前にありますから、点検しやすいはずです。

化粧ブロック下のメッシュ 　　　　　　　ヘドロの溜り

▶ 化粧ブロック下のメッシュは、FRP防水層の上に空間を設けて、排水しやすくしています。一方で、ヘドロの堆積があるため、点検が必要です。放置して詰まっていることもあります。

041 オーバーフロー管があるか？

◎ドレンの詰まり対策としてオーバーフロー管が登場

　バルコニーの内部に入った雨水は、ドレンから排水されますが、落ち葉などで詰まることが考えられます。バルコニーは、居室の前に設置されますから、入居者が異常に気づく場合が多いと思います。しかし、家に寝に帰るだけという生活の人が増えていますから、気づかないこともあり、水が溜まったまま放置されがちです。

　バルコニーが長く、両サイドにドレンが2ヶ所設置されると、2ヶ所とも詰まる確率は低いでしょうが、1ヶ所だけに負荷をかけると、リスクになります。そのときのリスク回避策として、**本来のドレン排水以外に、オーバーフロー管を設置する住宅会社**が増えてきました。住宅会社が痛い目にあった結果、改善されてきたのでしょう。

　FRP防水工事の後からでは、オーバーフロー管を追加設置できませんから、設計段階で考えておかなければなりません。入居者は気にしないことであり、設置すればコストもかかるわけで、住宅会社としてはコストダウンの対象にしてしまいやすいところです。

◎入居者によるバルコニーの管理が最重要

　防水は施工の順番が重要ですから、前後を変えるわけにはいきません。メンテナンス段階では、追加設置できませんので、オーバーフロー管が設置されていない場合には、バルコニーに落ち葉が溜まっていないか、排水が良好か、入居者に管理するように説明します。未設置といっても、設計と契約の問題であり、必ず取り付けなければならないものではありません。

　オーバーフロー管が設置されていないからといって、FRP防水を破って追加設置することは、防水性能の点でマイナス面も大きく、雨漏りのリスクを背負うことになりますから、行ってはなりません。責任問題になりますから、入居者による管理の充実を依頼することになります。

　解決方法は一つではありません。すでにできあがった建物で通常の生活を行っている場合、構造上の安全が確保されるならば、完璧ではなくても、管理を行えば問題が解消することは多いです。メンテナンス担当者として、**技術的かつ現実的に妥当な判断**をして、入居者にアドバイスしたいものです。

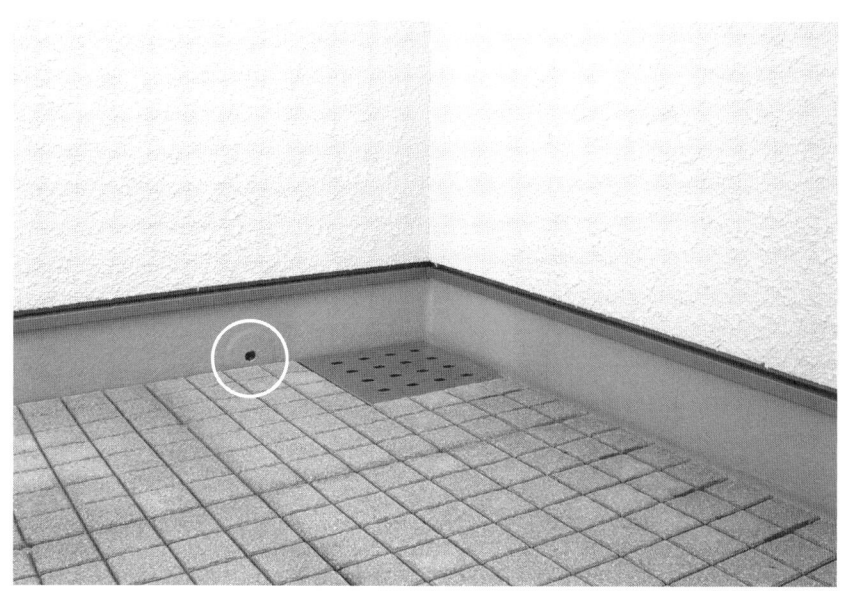

バルコニーのドレン排水縦引き管とオーバーフロー管（○の部分）

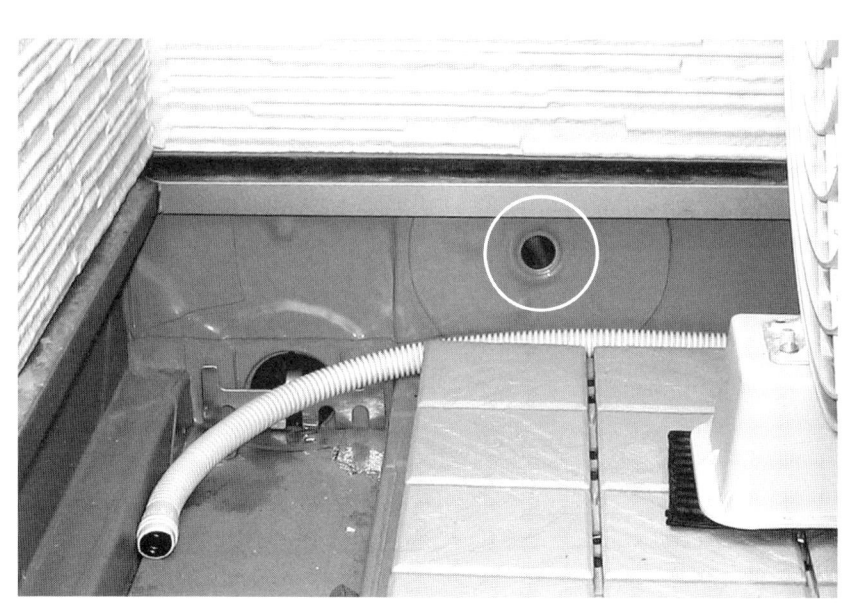

バルコニーのドレン排水横引き管とオーバーフロー管（○の部分）

▶ 上の2枚の写真は、新築住宅のバルコニーにおけるドレン排水です。排水は縦引き管と横引き管の2種類があります。横引き管の場合は、排水勾配の関係で水が溜まりやすいです。

042 バルコニー掃き出しサッシ下端はどうか？

◎メンテナンス担当者泣かせの「掃き出しサッシ下端」

　バルコニーからの雨漏り関係でとにかく問題の多いのが、掃き出しサッシ下端です。バルコニー土間とサッシ下端の寸法が小さく、施工しにくいこともあり、不安要素が多くあります。

◎メンテナンスのポイント

　防水施工とサッシ枠取り付けの順番が問題となります。サッシ先行、防水後施工の場合には、アルミサッシとFRP防水が、時間経過とともに遊離してくる可能性が高いです。つまり強風時に雨漏りになります。防水施工には必要条件である一体化がしにくいのです。この施工をされている場合、メンテナンス担当者は、定期点検時には防水状況をチェックしなければなりません。そのために、バルコニー土間に顔をくっつけては見にくいので、ミラー持参が必要となります。一方、防水先行、サッシ後施工の場合には、防水の順番としては妥当な施工方法になりますが、防水施工を待ってからサッシを付けるため、大工は嫌がります。防水として、水が流れるように施工するため、この施工手順が正解となります。

　サッシ枠の下端の、固定の問題があります。正解である「防水先行、サッシ後付け」工法の場合、サッシ下端のツバ部分に、固定のための釘を打ちます。その釘は防水に穴をあけることになるため、防水業者から嫌がられます。現実には、釘の高さまで水が滞留する可能性は少なく、不安であれば、捨てシーリングをサッシ下のツバ部分に入れてから固定すると、ある程度のシール性が確保できます。施工の順番は、防水先行を採用すべきです。

　サッシ枠下部コーナー部の水密性能の問題もあります。サッシ枠は、ガラス業者の組み立て工場で組み立ててから現場に搬入します。大工が取り付けますが、その際、持ち運びに多少の歪みもあります。材料の傷は確認しますが、水密性能までは確認しません。取り付けが完了し、竣工して入居後に室内が湿ってくるという、始末に悪いものです。珍しい事例ではありませんので、メンテナンス担当者としては、疑うべきポイントです。紙粘土で、サッシの溝に土手をつくって、水を入れてみると、その水がなくなる場合があります。

サッシ下端を鏡で確認① 　　　　　サッシ下端を鏡で確認②

サッシに水を溜めて検証する 　　　サッシ下端から水漏りしている事例

防水先行・サッシ後付けの事例 　　サッシ内まで防水施工をした事例

043 バルコニー笠木と外壁の取り合いはどうか？

◎「3面交点」は施工が難しいため要注意

　バルコニー笠木と本体外壁の取り合いは、"3面交点"と呼ばれる雨仕舞い上、始末に悪い部位となります。外壁面・手摺壁天端・手摺壁側面の3面が1点に集中する部位となります。取り合いというだけで、雨漏りリスクが高まりますが、3面が取り合うと、施工が難しくなります。

　仕上がった後ではわかりませんが、工事中を見ると、お粗末な施工も多くあります。このような部位は、どのように納めるか、事前に工事監督と職人がミーティングすると問題は起きません。つまり職人は正しいやり方を知っているということです。少しだけ面倒くさい施工になりますから、お任せにすると、職人によるバラつきが生じます。

　1枚の外壁下葺き材の防水紙では、適正に施工できませんので、**樹脂製の役物の使用や、伸縮性のある粘着防水テープが必要**となります。本来、工事担当者はこのような部位こそ配慮して、現場で自分の目で確認しなければなりません。しかし、多くの住宅現場では、お任せになっています。新築当初は問題なくても、やがて雨漏りとして発覚します。**雨漏りの多くは、材料の選択を誤ったか、施工が悪いかのどちらか**です。やりようによって、雨漏りしない施工にできたはずです。

◎放置するとバルコニー落下事故も

　後付けバルコニーが付く場合もあります。取り付け方が悪いと、シーリング材のみで雨水を防いでいるため、シーリングの劣化とともに、雨水が激しく浸入し、ついには取り付け部が腐り、バルコニー自体が落下したという場合もあります。入居者もよく放置したものです。本来ならグラつきを感じ、異常に気づくはずです。相談できる雰囲気がなかったのかもしれません。

　住宅現場に工事監督は常駐しません。監督は1人で複数の現場を掛け持ちします。担当する棟数は住宅会社や時期によります。ここがゼネコンによるビル建設と決定的に異なる点です。そしてまさしくこの常駐しない点こそが、住宅建物の総合品質に大きく影響するところです。職人が工事監督に相談したいと思っても、そこにいないのですから、後回しになり、そのうちに忘れて、適当に納めてしまいます。後からでは、見た目にわからないのです。

笠木と本体の3面交点①  笠木と本体の3面交点②

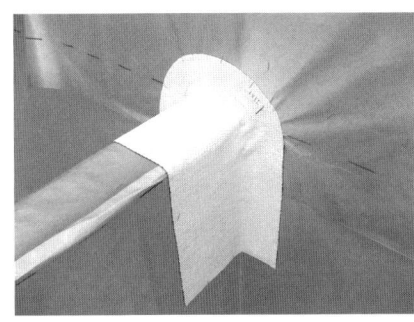

3面交点の伸縮防水テープ  3面交点の樹脂性役物

シーリング劣化で雨水が浸入した事例  雨水浸入で腐り、バルコニーが落下した例

5 バルコニーの確認

044 手摺壁の換気はあるか？

◎**手摺壁にも換気口が必要**

バルコニーの手摺壁の内部では、両面とも外気に接していますから、同じ温度になり、結露はしないはずです。ところが手摺壁の内部は、1階と2階の間の「ふところ」と呼ばれる空間とつながっていることが多く、温度差が生じて結露する可能性は否定できません。結露するものと考えて対応すべきです。したがって、**手摺壁にも換気口を設置する方が良い**と思います。基本的に空気を滞留させると良くないことは確かです。

換気口は雨水の浸入が少なく、かつ換気する部材で、バルコニー内部に2ヶ所以上設置します。換気部材によっては、強風時に雨水が入りこむ可能性がありますが、換気とのバランスを考えると、それでも換気口を設置するべきです。若干の雨漏りや結露水による水蒸気を排出できます。

◎**現場対応の換気口は取り替えが難しい**

古い建物では、バルコニーの換気は、まず設置することはありませんでした。今では、住宅会社によっては、設置基準を決めて標準的に採用しているところもあります。住宅会社では、過去のトラブルの経験から、複数クレームがついた場合は改善されることが多いため、建築年代によって、同じ部材でも仕様が異なっていることがあります。

現実には、記録には残らないのですが、現場の判断で取り付けていることもあります。後から追跡調査できると良いのですが、先のメンテナンスのことまで考えずに、とりあえず施工することが多いのです。このような部材は、図面に記載されないことも多く、記載されても、部材メーカー名と「オリジナル品」との記述だけです。開発部署が部材メーカーと打合せをして、住宅会社独自の設定により、比較的コストを抑えることが可能で、その時点では良い選択をしたように思えます。

ところが、換気口の新規設置だけの場合なら問題はないのですが、後から部材の取り替えが必要になったとき、図面にも部材にも品番が記載されていないため、その品番が調べられないのです。写真を撮って、メーカーに送って調べてもらうなど、メンテナンス担当者は、部材を探すだけで大変な苦労をしています。住宅会社のシステムがうまく機能していないのです。

バルコニー内側の壁内換気用レジスター

▶ バルコニーの手摺壁内部構造の結露防止のため、湿気を排出する換気レジスターの取り付けが必要になります。

立ち上がり壁内換気用レジスター

▶ 建物の構造体では、いかなるところも、換気のできない部位をつくると、耐久性の劣化につながる可能性があります。結露により、木部は腐り鉄部は錆びます。

045 バルコニー手摺のぐらつきはないか？

◎バルコニー笠木の「脳天釘内ち」は要注意

　バルコニー手摺に触ると、ぐらつくことがあります。よく見ると、ビス頭が見えます。上から直接、笠木板金にビスをもみこんで固定しています。"脳天釘打ち"といわれるお粗末な手法です。ビスをもみこんだ上から、シーリング材をつけていますが、すぐにシーリング効果はなくなります。上からシーリング材を塗っただけで、シーリング施工に必要な幅も深さも確保できていません。防水テープをはさんでいる場合もありますが、ないよりはましというだけで、気休めに過ぎません。

　脳天釘打ちでは、上から雨水が容易に浸入します。手摺笠木部分の防水を破っているので、雨水は入り放題です。下地の木部の腐りがはじまり、悪くなる一方です。浸入した雨水は、手摺壁内の気密性の良さが裏目に出て、排出されることなく、手摺壁内に滞留しますから、常時湿潤状態になります。昼間と夜間の温度差により、結露を繰り返し、木部は真っ黒になっています。水分が供給されると、白蟻の侵入を呼ぶ可能性も大です。最悪のパターンである"スパイラルダウン現象"になります。

◎メンテナンスのポイント

　これに対し、下地に受け金物をビスで固定し、その受け金物の上に、板金材をはめ込む場合もあります。これで雨水が入りません。若干浸入した雨水でも一旦受けて、自然排水できるシステムですから、雨漏りを起こしません。雨漏りによって数多く痛い目にあってきた住宅会社による改善改良が加えられてきた結果です。新しい建物から対応されていますが、古い建物については対応されていません。メンテナンス担当者が、個別対応することになります。この際、シーリングだけでとりあえず止める場合もありますが、シーリングは1次的対応のみであり、時間の経過とともに雨漏りは再発しますので、本来は根本的対応が必要となります。ただし、住宅会社の経営状態にも影響されます。

　雨水の完全シャットアウトは難しく、「大体シャットアウトして、若干浸入した雨水は、悪さをする前に速やかに排出させる」という1次防水＋2次防水のセットとした柔軟な考え方が必要です。

バルコニー手摺の脳天釘打ち

▶ バルコニー手摺から、笠木に向かって、脳天釘打ちで固定しています。上から気持ちだけシーリングを塗っても雨水はすぐに浸入します。

バルコニー笠木を外すと釘穴から下地が腐っていた事例

▶ 脳天釘打ちから浸入した雨水は、笠木下地の木材を腐食させ、腐朽菌と白蟻の被害が出ています。構造体も傷みが激しいはずです。

046 手摺壁に風抜き穴・段差はないか？

◎手摺壁の穴・段差は雨漏りリスクを高める

　バルコニーの手摺壁に風抜き穴や段差が設置される場合がありますが、これらは雨漏りのリスクを著しく高めます。デザイン上の目的があるのかもしれませんが、施工は難しくなります。

　それは風抜き穴の下両端コーナー部が"3面交点"となるからです。3面交点では、1枚の平面の防水シートだけではうまく施工できません。伸縮性のある粘着防水テープや、樹脂製の役物が必要となります。通常に施工すれば、シワがよって、粘着しません。またカッターナイフで切ると、ピンホールがあくことになります。

　風抜き穴の下側、外側の2ヶ所と、内側の2ヶ所が問題箇所です。風抜き穴を1ヶ所設置すると、4ヶ所の雨漏りリスクが発生することになります。小さなスペースで、施工もやりにくいところです。1ヶ所ぐらい、難があるかもしれません。手摺壁に1ヶ所、段差をつくると、内外に2ヶ所の雨漏りリスクが発生することになります。

◎施工時に不備があったという前提で点検する

　バルコニーが外部へはねだしている場合には、雨漏りしても外部に排出され、入居者は気づかないかもしれません。ところが、バルコニーの下が居室の場合には、即雨漏りになります。このようなリスクの高い部位は、職人と工事監督が打合せのうえ、慎重に時間をかけて、施工しなければなりません。施工時に注意を払えば、いかなる場合でも、雨漏りを防ぐことは可能です。

　メンテナンスの立場としては、職人や工事監督が注意を払わなかったと想定して見なければなりません。雨漏りリスクの高い部位が現場に存在したならば、重点的に確認しなければなりません。雨漏りは何らかの兆候がありますから、感受性で気づいてほしいものです。

　雨漏りは、どこから雨水が浸入しているかを見つけ出すことが生命線です。**雨水の出口はわかるのに、入口がわからないのです。**過去の経験から、多くの可能性を出して、1ヶ所ずつ散水試験で確認していく地道な作業が必要です。前工程の人の不具合を自分が解決していくのです。解決できたときは、入居者に対して、少し顔が立ち、技術者としての満足も感じられるものです。

「この下の部屋に
雨漏りしてませんか?」

「そういえば、
湿気てカビが多いのよ。」

居室上部のバルコニー手摺の風抜き穴

▶風抜き穴をつくると、3面交点が多くなり、雨漏りのリスクが高まります。伸縮性防水テープや樹脂性役物を段取りしなければ施工できません。

バルコニー手摺の段差

▶手摺の段差も3面交点を形成して、雨漏りリスクが高まります。工事中に特別の配慮がされれば問題になりませんが、お任せ施工が多いです。

047 笠木板金の継手に異常がないか？

◎ジョイント部は雨漏り上の弱点

　バルコニー手摺壁の、笠木の板金のジョイントが問題となります。現場の寸法に合わせた長い材料はなく、3.6m 程度の定尺物と呼ばれる、決まった寸法の材料をジョイントして使用します。建築では、ジョイントはいかなる場合でも問題となります。**構造上の弱点でもあり、雨漏り上の弱点**でもあります。デザイン上も嫌われ、見えないところにジョイントをもっていきます。しかしジョイントは必ず、発生するものです。

　ジョイントに雨水が浸入しない配慮がされているなら問題ないのですが、単にフラットな捨て鉄板を入れただけ、ジョイントにシーリングを入れただけという施工もあります。**下葺き材の施工が完璧であれば、雨水は浸入しない**のですが、すぐに見えなくなるところでもあり、現場では簡単に施工されがちです。見えるところだけを丁寧に施工するという考え方は、雨漏りに関しては不可です。その場限りの施工は、職人や工事監督の人間性が疑われ、次の工程の人が苦労することになる信用失墜行為です。

◎メンテナンスのポイント

　メンテナンスの立場としては、既にできあがった現場であることから、雨水の浸入口を補修することになります。技術者として、この経験を前工程にフィードバックして改善させたいところです。前工程にあたる工事監督は、ケチをつけられるという感覚で、メンテナンス担当者を嫌う場合もありますから、日ごろ良好な人間関係を築いておきたいところです。

　新築工事の現場では、工事監督が常駐しないため、職人任せの不具合仕事も見受けられます。建築系の人でなくても、現場で誰かが見ていたら、やらないでしょう。不具合の補修も経験してきた職人には、将来不具合が発生するであろうことは、わかっているはずです。職人によりますが、それでもやってしまうのです。専門職の仕事の納めについては、工事監督・メンテナンス担当者よりも、**職人が、現実に現場で現物を相手に仕事しているわけですから、詳しい**です。技術者の側でも、自分のブレーンとして、職人として優秀な人と良い関係を保っておく必要があります。職人はウデが良いだけでは駄目で、人間性の面でも、付き合うことのできる人でなければなりません。

笠木板金を外すと白蟻の被害が…

▶笠木板金から浸入した雨水は、下地の木材を腐食させ、腐朽菌・白蟻の被害につながります。すべて現場の施工ミスが原因で、大きな損害になります。

笠木板金の継手不良の事例

▶笠木板金の継手部分には、水返し加工のされていない捨て板金がありました。意味もなく、「ただ入れただけ」の施工です。

コラム5

住宅からの熱の逃げ道

　住宅の部位には、大きく分けて外壁、屋根、最下階の床、窓・扉があります。一軒の住宅における熱損失の割合は、各部位の表面積と、その部分の熱の通りやすさで決まります。

　㈳日本建材・住宅設備産業協会のホームページによると、窓・扉といった開口部は全面積の25％程しかない場合でも、熱の損失量は壁面の約2.5倍になっています（下の図）。「新省エネ基準」に対応した一般的な木造住宅でも、開口部の熱の通りやすさは、壁面の10倍近くで、窓の断熱性能は他の部位に比べてきわめて低いのです。窓の断熱性強化は、優先順位が高く、住宅の断熱化において、もっとも有効な方法となります。

　東日本大震災以降、エネルギーへの関心が高まり、住宅の高気密・高断熱化が求められています。より少ないエネルギーで合理的に快適性を保つ工夫が必要です。建物のプラン・性能によっても変わりますが、これらの数値は、通常の標準的な建物における熱損失割合の目安として入居者に説明できます。

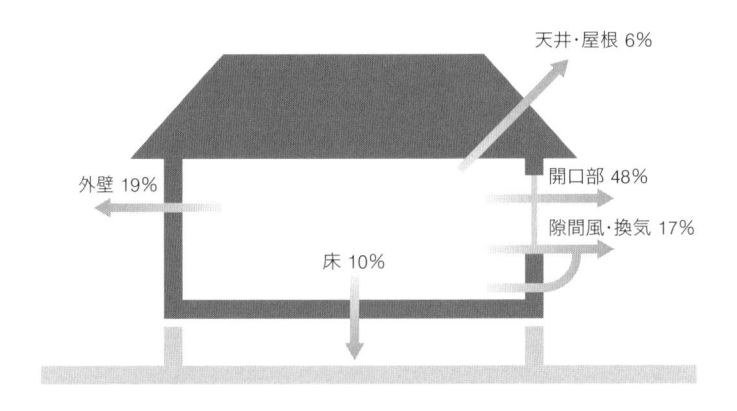

天井・屋根 6％
外壁 19％
開口部 48％
隙間風・換気 17％
床 10％

住宅からの熱の逃げ道（地域：東京／1992年の新省エネルギー基準の場合）
（出典：㈳日本建材・住宅設備産業協会、http://www.eccj.or.jp/pamphlet/living/06/07_1.html）

第6章

内装の確認

雨漏れがどんどんひどくなっているわ!

048 床・壁の傾斜の許容範囲は 3/1000 以内

◎まず不同沈下の現状を把握する

建物の水平・垂直は重要です。不同沈下などの問題が生じると、建具の開閉がうまくいきません。床では、同じ方向にビー玉が転がります。

「住宅の品質確保の促進等に関する法律」(品確法)では、2000年4月1日以降に締結された新築住宅の取得契約(請負／売買)には、基本構造部分(柱や梁など住宅の構造耐力上主要な部分、雨水の浸入を防止する部分)について、10年間の瑕疵担保責任が義務づけられています。瑕疵とは欠陥を意味し、通常に期待される性能を欠くことです。つまり保証期間が10年ということです。

不同沈下の数値基準としては、右の表を参考にします。品確法によると、3/1000の傾きで、瑕疵の可能性があり、6/1000の傾きで、瑕疵の可能性が高いと判断されます。この数値は、メンテナンスの判断基準として、ぜひ知っておく必要があります。多くの箇所でレベルを測り、不同沈下の現状を把握することが先決です。

住宅現場では、施工は水平・垂直とも通常は1/1000で管理します。1/1000以内なら、施工誤差の範囲内との解釈です。最悪で、3/1000以内です。裁判などの場合には、6/1000が目安になります。出るところへ出たら、結構ゆるい基準になります。

◎不同沈下の場合は専門の修正工事が必要

これらの数値になると、竣工後に不同沈下が発生している場合が多いです。三半規管がおかしくなり、酔うような感覚になります。建具の開閉は正常でなくなります。レベル測定を定期的に実施し、経過観察を行います。不同沈下の進行の可能性があれば、話が大きくなり、通常のメンテナンスのレベルではなくなります。不同沈下を修正する工事を専門とする業者もあり、薬液注入やアンダーピニングなど各種工法が開発されています。現在以上に沈下しないようにまず地盤を固め、その後にかさ上げするのですが、大変な工事になり、専門性も要求されます。

なお、1階床の不陸の場合には3m以上の測定区間が必要ですが、傾斜の問題ではなく、床束の高さ調整だけで済む場合もあります。

レベルで水平・垂直を調査中

▶ 住宅では、水平・垂直の精度が特に重要で、通常の誤差は 1/1000 以内を原則とします。3/1000 未満の誤差なら、瑕疵の可能性は低いとされています。メンテナンス担当者として、判断基準の数値を覚える必要があります。

傾斜と瑕疵

品確法第 70 条（技術的基準）
　国土交通大臣は、指定住宅紛争処理機関による住宅に係る紛争の迅速かつ適正な解決に資するため、住宅紛争処理の参考となるべき技術的基準を定めることができる。
　建設省告示 1653 条（平成 12 年 7 月 19 日）による技術的基準として、

レベル	傾斜の程度	瑕疵の存する可能性
1	3/1000 未満の勾配の傾斜	低い
2	3/1000 以上、6/1000 未満の勾配の傾斜	一定程度存する
3	6/1000 以上の勾配の傾斜	高い

（ただし、沈下傾斜の測定区間は水平 3m 程度以上、垂直 2m 程度以上）

049 フロア木材にささくれがないか？

◎無垢材よりも化粧合板が選ばれている理由

　洋間の床に、カーペットを敷き詰めることはほとんどなくなりました。理由はダニの発生を危惧してのことです。ダニは、喘息やアトピーにつながり、入居者の健康を害しますから、当然ともいえます。今では大半がフロア張りになりました。

　フロアにも、無垢材と、合板に薄い化粧単板を張ったものがあります。コストの関係から、標準仕様としては、合板に薄い単板を張ったフロア材を採用する住宅会社が多いです。一般的に価格の安いものほど、品質面で問題があり、端部にささくれがおきやすくなり、靴下に引っかかります。

　壁・天井のクロスは古くなると張り替えする材料ですから、安いものでもかまいませんが、床は長く使う材料で、張り替えをする材料ではありません。床材料には、少し高価ですが、調湿作用もある無垢材仕様が良いと思います。しかし、合板仕様よりも、**反りや収縮**が大きくなりますので、住宅会社としては、追加金額が発生するものは面倒くさいということで、あまり説明しません。追加金額の発生は、契約した建築主に言いにくいのです。建築主は気づかないことですから、特に要望することもありません。本当は、住宅会社側から提案すると良いのですが、そのままになってしまうのが現実です。

　無垢材であっても、多少のささくれは発生します。**まったく欠陥がゼロという材料はありません**。"無垢材の味"とも言えますが、建築主に理解してもらえないこともあります。これが、住宅会社が合板を採用する理由になっています。

　床暖房をする場合には、**床暖房対応フロア材を使用**しなければなりませんが、無垢材にはつきものの反りや収縮による不具合発生のリスクを回避するために、合板を採用することが通常です。ウレタンコートは、フロアの表面に硬質の膜をかける効果があるため、ささくれ予防にはなりますが、同時に無垢材特有の素材感を損なうことになります。

◎フロア材の長短を入居者に説明する

　入居者の考え方によりますが、**多少のキズは許容したい**ところです。床の仕上がりについては、優先順位をよく検討する必要があります。自然素材は、

フロア材のささくれ

▶ 材料をカットした面を入り口側に施工したため、ささくれが目立ちます。本来はここに、カットしない面を施工するときれいに納まります。

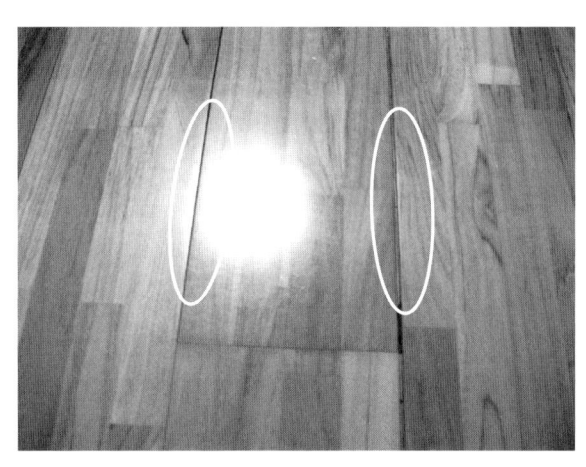

無垢フロア材の隙間

▶ 無垢材のフロアに起こる現象です。乾燥収縮による隙間ができて、見苦しくなっています。合板フロアでは、ここまでひどくはなりません。

　ある程度メンテナンスに時間やコストはかかりますが、使えば使うほど、新建材には見られない味が出るのが魅力です。**プラス面とマイナス面の両方を説明しなければなりません。**住宅業界では、この点が甘いところで、多くのトラブルの原因になっています。

　メンテナンス段階としては、フロア材料の種類にかかわらず、ささくれを削りとり、上からコーティングする程度になります。

　なお、人によるバラつきもありますが、大工の常識として、張り始めと張り終わりを考えて、目立たないところに継手を入れて、目立つところのアラをうまく隠します。しかし、工期に余裕がないと、そこまで気づかいのできない場合もあります。

050 床鳴り（1階・2階・階段）はないか？

◎**床鳴りの原因**

　床下を構成する部材で、大引き・根太には無垢材を使うことが多いです。集成材は乾燥しやすいのですが、無垢材はそうはいきません。木材の当初の**含水率**からいえば、必ず**乾燥収縮**します。

　天然の木材は、特に新築から1年間は、乾燥収縮・反り・ねじれなどの不具合が大きく発生する時期になります。そのために床下地は、最初の1年間で微妙に狂いが生じます。フロア材の「さね」と呼ばれるつなぎ部分や、釘とフロア材の接触部分、フロア材とフロア材の接触部分等で、微妙に動きが発生するところで音がします。

　夏場と冬場の温度差や湿度も影響します。夏場は高湿度で伸び、エアコンで除湿されて縮みます。冬場は空気が乾燥して縮み、加湿して伸びるなど、常に伸び縮みを繰り返しています。

　接着剤も影響します。フロア材料のメーカーごとに、ウレタン系・エポキシ系など、専用の接着剤を指定しています。しかし、大工が普通の木工ボンドで施工した場合などは、接着力が悪く、床鳴りの原因になります。木工ボンドは、造作材には使用しますが、構造体には無理があります。

　フロア材の固定釘も影響します。"フロアネイル"を使用しますが、打ち方が悪ければ床鳴りの原因になります。"フィニッシュネイル"は、施工が簡単なために使用されることが多いのですが、フロア材メーカーは信頼性の点で使用を禁止しています。

　建物は、**乾燥収縮・温度収縮・地震や強風による揺れ・前面道路の通行車両**などによって様々に動くため、弱いところに不具合が出るのです。

◎**点検のポイント**

　定期点検に**床鳴り調整**はつきものです。床鳴りは入居者に嫌われることが多く、即「欠陥住宅」と思われます。メンテナンス担当として、大工と二人一組で床下にもぐって、クサビを入れ、ボンドを入れて調整します。

　1階に対して、2階や階段の床鳴りについては、床下にもぐれませんから、苦労します。上から隠し釘を打って止めることになりますが、大工の経験によるところが多く、難しいです。

大工と二人一組で床下を点検

051 床と壁の取り合い幅木下に隙間がないか？

◎入居者からの苦情が多い幅木下の隙間

　幅木の下とフロア材の取り合い部にも、時間の経過とともに、隙間があいてくることがあります。これは通常に見受けられる現象で、珍しいものではありませんが、基本的に建築では隙間はない方が気持ちが良いものです。しかも隙間は、均一に開いているわけでもなく、大小があるため、目立ちます。

　よくあるのは、床が若干下がって隙間が目立つという問題です。「隙間に10円玉が入る」「隙間から虫が出てくる気がする」と訴える入居者もいます。また実際、この隙間から石膏ボードの白い粉が出てくることもあります。

　住宅会社によっては、幅木の下に生じる隙間を見せないように、幅木の下部にゴムや樹脂がついたものを部材メーカーにつくらせて使うこともあります。これは「スカート付き幅木」とも言われます。頭の良い人もいるもので、アラをうまく隠しています。これを建築では、"逃げをとる"と言います。

　あるいは、せい（高さ）の高い幅木を特注して打ち替える場合もあります。構造強度には影響しないところですから、大した問題ではないのですが、入居者の理解を得ることは難しいです。

　隙間が問題になりやすい幅木ですが、そもそも、（工法にもよりますが）床と壁の取り合いにかぶせるために付けるものですので、幅木のない納めをするならばより丁寧な仕事が必要になります。

◎床束の高さを調整するのがポイント

　最近では、幅木を床側に固定するのではなく、壁側に取り付けることが多くなっているため、材料の温度差・乾燥による収縮というよりは床の下がりが原因の場合が多いです。そのために、床束には高さが調整できるものを使うことが多くなりました。1階の床については、建築基準法上は主要構造部ではありませんので、不同沈下による不陸でなければ、床束で高さを調整することで対処が可能です。

　そもそも木材とは、品質管理の行き届いた工場で安定した材料を使って生産するものではなく、現場で職人が、材木という不安定な農林産物を加工・組立する不完全なもので、材料誤差と施工誤差とが生じるものですので、調整を行いながら、通常の生活に支障がないようにします。

「この隙間！床が傾いているんじゃないの？」

「期間をおいて、落ち着いたら調整しましょう。」

幅木の下に隙間ができた事例

幅木周りの隙間

▶ 建具枠・幅木・床まわりの隙間が大きい事例です。木部の材料は合板に化粧の樹脂フィルムを張ってあるもので、正味の木ではありません。相当年数が経過しているとは言え、これだけの隙間は、見苦しいものです。材料を取り替えるか、色合わせしたパテを埋めるかになります。

052 壁・天井クロスのしわや隙間がないか？

◎クロスのしわ・隙間は通常起こる現象

建物は、乾燥収縮・温度収縮・地震と台風による横揺れ、前面道路の通行車両の振動などにより、常に動いています。どこか弱い部位から影響が現れることは、当然考えられることです。その弱い部位として、天井・壁のクロス部分があります。

クロスのジョイントに隙間が生じる、亀裂が入る、木部との取り合い部に隙間があく、入り隅コーナー部にシワがよる、下地のラインが目立つなどの問題は、珍しいことではなく、通常に発生する現象で、心配は要りません。**入居後にまったくクロスに異常がない場合はまずありません。**

入居後数年して落ち着いてから、クロスコークによって隙間を埋める程度の補修で問題はありません。下地調整の上、クロスを張り替える必要はありませんが、もっともその頃には、今の**クロスは廃番になっている可能性がきわめて高い**です。クロスは2～5年で廃番になるため、同じ品番はありません。別のものに全面張り替えとなってしまいます。

◎入居者への十分な説明が重要

クロスについては、大きな問題のないところで、入居者が頑なに大きな問題にする場合もあります。入居者は、技術的には素人ですから、業者になめられたらまずいと思って、必要以上にがんばってしまうことがあります。

本来、建物竣工後の引渡し前後に、将来発生する可能性の高い不具合現象については、事前に説明しておくべきです。「このような問題が発生すると思いますが、心配要りません」「このように対応することになっています」などの説明です。工事担当者からメンテナンス担当者に引き継ぐ際には、このような説明を時間をかけて丁寧にしたいところです。工事担当者は去っていく立場ですから、面倒くさいことはさっさと手早く済ましたがります。受ける側のメンテナンス担当者としては、説明の充実を図らなければなりません。時間をけちってはいけません。

住宅におけるクレームの多くは、コミュニケーションの充実によって解消可能です。コミュニケーションを面倒くさがるから、一定の確率でクレーム化する結果になります。

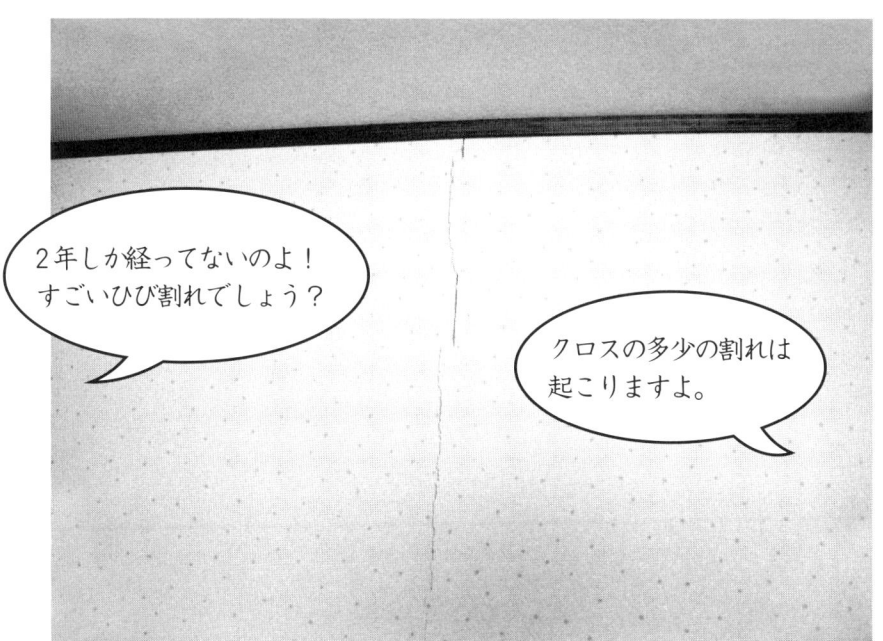

この隙間！
そろそろ張り替えの時期ってことよね。

もう10年経ってますから、そろそろですね。

2年しか経ってないのよ！
すごいひび割れでしょう？

クロスの多少の割れは起こりますよ。

6 内装の確認

053 タイルの目地切れはシーリング処理する

◎タイル目地には乾燥収縮による不具合がつきもの

　タイルを張ったところには、いずれ不具合が発生しますが、通常は、構造に影響するような不具合ではありません。タイルは張り方により、密着張り（ヴィブラート工法）、改良圧着張り、改良積み上げ張り、接着剤張りなど、工法が多くあります。接着剤張り以外は、下地にモルタルを使いますし、どの工法でも少なくとも目地には目地モルタルを使用しますから、"湿式工法"と言えます。

　湿式材料では、乾燥収縮による不具合が生じることになります。目地モルタルにひび割れが入り、他の材料とのジョイント部分は切れて、隙間があきます。異種材料の接点では、温度収縮も乾燥収縮も異なりますから、当然隙間が発生します。左官材料に発生するひび割れと同じです。

　タイルの目地切れは水漏れにつながるため、最近では浴室にもユニットバスの採用が多くなり、現場でタイルを張ることが少なくなりました。キッチンの流し台前のタイルも、乾式タイル調不燃板の採用が多く、タイル張りが減っています。結局タイル施工は、住宅の内部にはなく、玄関ポーチの土間のみという場合が大半です。

◎メンテナンスのポイント

　タイルの目地切れに対しては、時間が経過して落ち着いてから、シーリング処理・目地セメント処理を行います。すぐに補修すると、別のところが切れてきますから、**時間の経過が必要**なのです。保証期間は一般に2年ですので、それまでに補修するよりも、補修約束だけしておいて、時間を経過させてから補修すると良いです。これも**入居者に事前の説明が必要**です。タイル目地が割れてから説明を受けても、住宅会社側の言い訳と感じられるものです。いつも、問題発生後に「説明しておくべきだった」と反省することが多いのです。

　外壁などのタイルの剥離落下を防ぐために、"打音検査"をすることがあります（土間にはタイル剥落の危険性がありませんので、行いません）。タイルの浮きがあるかどうかは打音検査によりわかりますが、これはシーリング処理だけでは補修できず、タイルを張り替えないと納まりません。

このタイルの隙間！
下に漏れていると思うのよ。
大きいですね！
今日シーリング施工しましょう。

上から漏れてるでしょう？
アッ！　これは
完全に漏れてますね！
即補修が必要ですね。

054 内部左官のちり切れは左官処理する

◎**時間をおいてから左官材料で補修する**

　内部左官材料も湿式材料ですから、材料の性質上、乾燥収縮が生じ、"ちり切れ"(隙間)、ひび割れが生じます。この場合には、シーリングの色が左官壁の色に合わないので、左官材料で補修しなければなりません。壁仕上げが左官調のクロス張りならクロスコーキング処理でも可能ですが、色合わせは難しいです。

　多少の隙間は、強度上の問題はなく、見栄えだけの問題ですが、悪い印象をもつ方が多いです。木部との取り合いなど、異なった材料と接する部位には、温度収縮・乾燥収縮の差があるため、当然切れてきます。

　対処方法は、やはり時間の経過を待ってから補修するということです。保証期間が2年で、入居者としては保証が切れることが心配でクレームをつけますので、補修の約束をきっちりとして、時間をおいてから、補修します。

◎**左官かクロスか**

　震災の後は、左官材料のひび割れ・ちり切れの状況を見て、クロス張り仕上げが増えるようです。しかし、時間が経過してくると、左官材料の味わいが優先されます。左官には調湿作用もあるため、珪藻土やシラス土が使われることも増えてきています。平滑に仕上げる施工も難しく、コストもかかり、乾燥期間も必要となる材料なのですが、人気は根強いものがあります。和室は当然ですが、今後は洋間にも左官系材料の使用が増えるかもしれません。

　左官仕上げは構造上、主要なところではないので、時間の経過による不具合箇所は、補修すれば良いわけです。わずかな不具合点に、目くじらを立てる必要はありません。永久にメンテナンスの必要なしという材料はありませんから、気軽な気持ちで良いわけです。同じ建物で、長く生活するほど、1年当たりの建設コストは下がりますから、左官材料特有の、"材料の味わい"というものがあってもよいと思います。

　現代のように、何でもかんでもクロスにする必要はないと思いますが、ただ、クロス仕上げにすることにより、アラが隠れ、比較的クレームは少なく、コストは安く、手早く片付けられますから、左官と比較して便利な材料ではあります。**コスト優先なら、左官よりもクロスに軍配**はあがります。

床柱のまわりが変なのよ！

左官のちり切れですね。今日材料持ってますから埋めます。

床柱・磨丸太まわりの左官は薄いためちり切れが起こりやすい

枠まわりの左官ちり切れ

055 集成材(枠・額縁・笠木)のめくれがないか？

◎クレームの少ない材料として増えてきた集成材

　建物の造作材として、無垢材ではなく集成材が使用されることが増えてきました。造作材の含水率は15％以下と決められていますが、なかには反り・ねじれなどの不具合が時間の経過とともに発生してくる場合もあります。集成材は乾燥程度もよく、無垢材と比較して反り・ねじれは起こりにくいです。

　表面に薄い化粧単板を張ったものや、木材そのものではなく木目を印刷した樹脂フィルムが貼られている部材もあります。一見木製に見えますが、偽物です。塩ビシートが多かったのですが、焼却時の"ダイオキシン"（人類が過去につくった最悪の物質と言われます）の発生が問題となって塩ビが嫌われるようになり、今ではオレフィン系シートが多くなりました。

　集成材流行の背景には、建築主からのクレームがあります。木材特有の節・脂壺などの欠点が、小さなものであっても、許容されないのです。現場に材料が搬入された時点で、大工がチェックできるかどうか、返品という判断をするかどうかが問題です。交換すると納期が遅れるため、○×の判断は難しいです。そしてその材料で施工した結果、建築主から×と判断された場合には取り替えになります。一度つくったものを解体撤去して、新材料を手配して、新規に施工し直します。大変な労力とお金と時間がかかります。住宅会社は過去に何度も痛い目にあってきました。

　その結果、クレームの極めて少ない材料として、樹脂フィルムに印刷されたものを張った「木もどき」が使用されるようになりました。味気がないと思いますが、確かにクレームは減りました。事前に「このような材料を使用することになっています」と説明をして、現物のサンプルを見せておけば、建築主の意向を事前に確認できますので、後々問題になりません。

◎樹脂フィルムはがれの補修は専門家に依頼する

　樹脂フィルムを貼り付けた「工場製品」とは言え、化粧の樹脂フィルムがめくれる場合もあります。内部の合板が露出して、見苦しくなります。樹脂フィルムを張る専門家がいますから、材料メーカー経由で補修を依頼します。入居者の前で補修するのは辛いところもありますが、割り切って素早く段取りします。

樹脂フィルムを張った建具枠

▶木製の建具枠の内部が合板で、表面には木目調の樹脂フィルムを張ったものです。接着が悪いようで、めくれてきました。

樹脂フィルムを張った化粧枠のめくれ

▶化粧枠ですが、見た目は木製品（木もどき）です。樹脂フィルムがめくれてきてクレーム化した事例です。

056 定期点検に建具の調整はつきもの

◎建具は温度・湿度によって日常的に影響を受ける

　定期点検時には、木製建具のいずれかの調子が悪いと必ずお叱りを受けます。ドア・引き戸・障子・襖などは特に使用頻度が高いため、調整が必要となることが多いです。一般に、新築時からの時間があまり経過していない段階で建具の調整が多く、時間の経過とともに調整も少なくなっていきます。

　蝶番やレバーハンドルを固定しているビスも緩んできます。これは乾燥収縮や繰り返しての使用によるものであり、決して手抜き工事や、不良品を使ったといったものではありません。通常の建具の宿命なのです。

　季節によって建具の条件も変わります。冬場の暖房時と夏場の冷房時では大きく異なります。主要な部屋のみを暖房する場合など、**部屋間で温度差があると大きく反ります**。日本ではまだまだ各部屋暖房が多いのが実情ですので、毎年夏の冷房と冬の暖房とで建具の反りを繰り返すのです。

　高気密・高断熱住宅のウリは、普通の家と同じ冷暖房費で全館同じ温度になることです。同じ温度なら反りませんから、温度差による建具問題発生の可能性は低くなります。

　湿度も影響しますから、梅雨時に木製建具は膨張します。室内で結露するような条件であれば、湿度は高いため、温度差による反りと相まって、狂いもきます。建具は、どこかがあたって、調子が悪くなります。これらの条件は、毎年繰り返しますから、季節が過ぎて一旦収まったとしても、また次の年に調子が悪くなります。

◎定期点検には建具調整はつきもの

　定期点検には建具調整はつきものと考えるべきです。1ヶ所ぐらいなら、自分で直すと、入居者から信頼してもらえるというものです。調整箇所が多数あると、職人ではありませんから、後日の段取りになります。住宅会社のシステムによりますが、本来のメンテナンス担当者の仕事ではなくなります。ここを間違えると、おかしくなります。メンテナンス担当者には、何でも自分でやらないと気が済まない人が多いですが、職人でない場合は自重した方が良い場合もあります。もちろん、メンテナンス担当者兼職人のシステムなら全部完了すべきです。

扉の上と下で隙間の幅が違うのよ。
これぐらいなら大したことないから、調整します。

引戸が反るのよね…
部屋の温度差があると反りますね。

057 内部に雨漏り跡・結露跡はないか？

◎雨漏りの兆候を入居者に確認する

建物内部に雨漏りの兆候があるかどうかは、入居者に確認しなければなりません。現実にその建物に居住している入居者でないと、わかることではありません。入居者は掃除するときに異常を見つけやすいのです。

ポタポタと落ちてくる雨漏りは、すぐにクレームがつきますが、何となく異常という程度の気づきにくい雨漏りもあります。雨が降り始めて、相当時間が経過して、漏り出す場合もあります。風向きによって漏り出す場合もあり、強風時のみ漏り出す場合もあります。条件により、雨が漏る場合と漏らない場合に分かれますから、入居者からの聞き取り調査が重要です。点検時間のうち、入居者が喋る時間を増やす努力が必要です。技術者はつい自分が喋ってしまいますから、気をつけなければなりません。

不具合の原因が雨漏りではなく、結露の場合もあります。同じ水ですから、結果は同じですが、原因究明の際、雨漏りばかりを考えていては見逃す場合があります。雨漏りが1次原因で、高い気密性のために排出できない湿気が結露する2次原因の場合もあります。

◎点検を怠ると大きな損害につながる場合も

入居者によっては、わずかの異常であってもすぐにクレームをつける人もいますが、放置する人もあります。放置しておいて、最悪の状態になってから連絡してくる場合もあります。「保証期間内だから無償で補修せよ」と言われても、住宅会社側も大きな被害になってからでは困るのです（「住宅の品質確保の促進等に関する法律」〔品確法、2000年4月施行〕では建物の重要事項である構造と雨漏りの2点については保証期間が10年間とされています）。

定期点検時になるべく入居者が異常と感じることをうまく聞き出す必要があります。日頃から、相談しやすい雰囲気をつくっておくべきです。どこの会社も効率を求めますから、原則暇な時期は多くありません。常に忙しいと感じているハズです。忙しいと、入居者から相談があっても、ついないがしろに扱ってしまう場合があるかもしれません。メンテナンス担当者として、心しておかなければなりません。入居者が一度そのような雰囲気を感じてしまうと、相談しにくくなります。

室内の雨漏り跡

▶雨漏り補修がうまくいかずに、長期間にわたり、放置された雨漏り跡。カビが発生しており、入居者の健康に害があります。

長期間にわたる室内の雨漏り跡

▶大手ハウスメーカーの現場で、数ヶ所の雨漏りが常時発生している事例です。10年の保証期間は過ぎていますが、補修と雨漏りを繰り返しています。

058 揮発性有機化合物（VOC）の健康被害はないか？

◎住宅のなかは化学物質でいっぱい

　建物には人の体に悪い物質が含まれています。もっとも有名なものがホルムアルデヒドで、その水溶液がホルマリンです。このなかに漬けておくと腐ることはありません。住宅現場で使う接着剤や合板材料自体に含まれています。建物以外の家具や自動車の排気ガス・煙草の煙にも含まれます。

　ホルムアルデヒドの規制値は 0.08PPM（parts per million、1/1000000 を表す単位）です。WHO（世界保健機関）で決められた基準を日本は採用しています。イメージしにくい量ですが、これくらいの微量の化学物質でも、人の体に異変が生じます。頭痛・めまい・吐き気・発疹・じんましん・アレルギーなど、影響には個人差が大きく、全員が同じように出るわけではありませんが、体に良くないことは確かです。

　塗料に含まれるトルエン・キシレンなどは、中枢神経を侵します。壁・天井の仕上げはほとんどがビニールクロス仕様で、可塑剤・防黴剤・難燃剤など多くの化学物質が添加されています。他にも殺虫剤・防虫剤・抗菌剤・白蟻駆除剤なども原因となります。

　規制は一応ありますが、対象は 13 物質だけです。規制対象外の物質は多く、新たに開発される物質にはよくわからないものも多いのです。最近では"F☆☆☆☆"表示などで材料の選定がなされ、含有化学物質は微量になって被害がわかりにくくなっていますが、問題が起きる人はまだまだいます。

◎入居者から健康被害の有無を聞き取る

　"シックハウス症候群"の症状は、個人差が大きく、多岐にわたります。不定愁訴と言われるような、本人にしか自覚できない症状が多く、自律神経失調症や更年期障害、風邪などと間違われます。はっきりとした症状を示さず、なんとなく調子が悪いと思っても、シックハウス症候群だと気づかないことがよくあります。"化学物質過敏症"はさらに深刻な状況です。きわめて微量でも体が反応するようになります。通常の病院では対応できませんので、専門家に相談するしかありません。

　入居者の様子を見て、異常を聞き取りますが、いずれにしても"24時間換気"は必要ですから、スイッチを切ってはいけません。

断熱材ロックウールの F☆☆☆☆表示

▶壁の内断熱に使用するロックウール75mm厚のF☆☆☆☆表示です。市販品のなかでは、ホルムアルデヒド含有率が少ない最高級品となります。

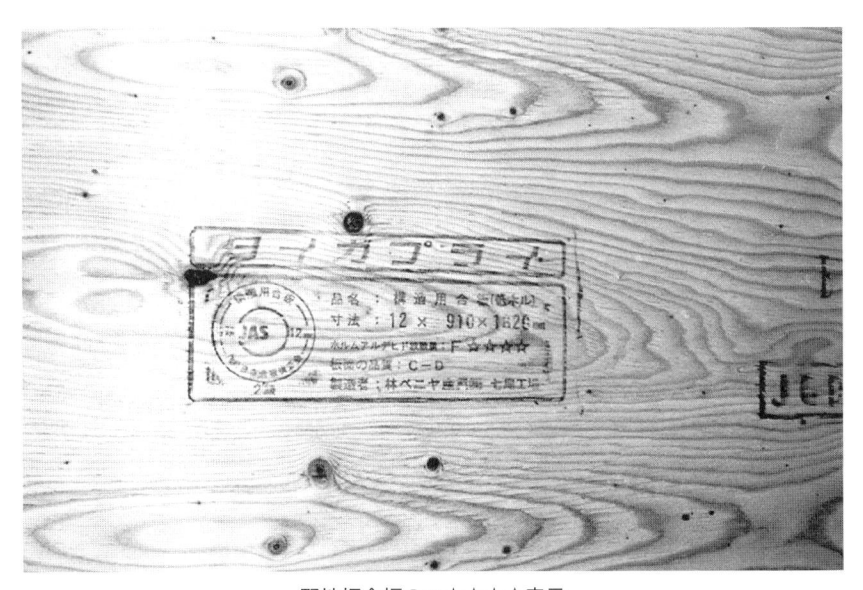

野地板合板の F☆☆☆☆表示

▶野地板に使用する合板12mm厚のF☆☆☆☆表示です。通常の方法では、このマークの確認で良しとします。

059 和室・畳の注意点

◎今どきの和室事情

　新築住宅では和室が少なくなりました。和室は1部屋のみで、用途は客間という場合が多くなってきました。使用頻度も多くありません。床だけが畳で、壁・天井は和風テイストのビニールクロスが多くなっています。床以外はほぼ洋間という感覚です。

　床の畳の仕様にはランクがあります。畳は一般に重いものほど、硬いものほど高級品です。住宅会社の標準仕様は、高級品ではなく、軽くて柔らかめです。並べてみると差異はわかりますが、通常は気になりません。

　畳のサイズは、関東間・京間・中京間・団地サイズなど様々ですが、実際には建物に合わせて部屋ごとに採寸して誂えますから、部屋・位置・向きを変えても合いません。畳を上げる際は、事前に位置と向きを控えておきます。

　床の段差解消のため、"バリアフリー"が言われ出して久しくなります。工法によりますが、床構造が同じ場合には、和室の畳下地合板＋畳と、洋間の下地合板＋フロアを同じ高さにするために畳の厚さを薄くする必要があり、通常の畳の厚さ55mmではなく、厚さ15mmの"薄畳"が開発されました。入居者によっては、「イメージが異なる」と驚く人もいます。

◎点検のポイント

　畳床のなかには、発泡スチロールや合板を挟み込み、コストを下げつつ、感触を調整しているものもあります。通常は畳からのダニ発生防止のために防虫剤を入れてあります。畳業者からすれば、ダニの発生はクレームにつながるため止むを得ません。畳表もイグサの青さではなく、マラカイトグリーンという染料で色をつけています。入居者が化学物質に対して敏感であれば健康を害する可能性もありますので、聞き取りします。

　和室には、床の間がつくられることが多いです。洋間と異なり、床柱・落掛・幕板・床框・地板などがあり、仕様もさまざまです。無垢材も張物もあります。化粧材（木材の見える部分）が多いということは、干割れ・反り・隙間など不具合の可能性が高くなるということです。

　畳と畳が擦れて音がする場合は、畳を上げ、ジョイント部分にロウソクのロウをこすっておくと、滑りがよくなり、音が止まります。

和室の薄畳

► 和室の薄畳で、厚さは 15mm。洋間との段差解消のために開発されたもので、カーペットを敷くような感覚です。畳を外してみて驚く建築主も多いです。

和室バリアフリー仕様の薄畳

► 和室のバリアフリー仕様としての薄畳です。通常の 55mm 厚さの畳とは異なります。見た目は一緒ですが、足の感触が微妙に異なります。

コラム6

究極の極小住宅「塔の家」

　東京都渋谷区神宮前（通称：青山キラー通り）にある有名な建築設計家の自邸です。敷地面積6.2坪、建築面積3.5坪、延床面積19.6坪の地下1階地上5階建ての鉄筋コンクリート打放し仕上げの住宅で、1967年の竣工です。
　どうしても都心に住むという気持ちを実現したもので、面積からいって、名前の通り「塔」のような家です。現在でも、海外から住宅建築を志す多くの人々が見学に訪れます。あまりに小さ過ぎて、現場で探すのに苦労する、本当に小さな究極の住まいです。
　建築主は、建築家の東孝光氏です。この自邸の設計で超有名になりました。
　室内は、同一階では建具による区分けが無理なため行われず、階数により区分けされています。

第 **7** 章

床下の確認

キミのおうちは
床下かい？

060 床下点検口・床下物入れの蓋のグラつきはないか？

◎蓋のグラつきは入居者からの苦情が多い

　床下点検口・床下物入れは、通常は600mm角で、床組の根太を切断しており、構造上の弱点となります。スライド式の床下収納の場合は、収納スペースが広範囲になりますが、蓋は1ヶ所のみのままですので、構造的により弱くなることはありません。

　床下点検口・床下物入れの蓋は補強されているものの、グラつきが生じることがあります。1階の床は法的に主要構造部ではなく、構造的には大した話ではないのですが、クレームをつける入居者は多いです。キッチンや洗面に設置されることが多く、主婦は毎日、頻繁にのるために、気になるのも無理ありません。

　床下点検口の位置の設計は難しく、めったに使うことがないとの理由で、洗面所の洗濯機の下に450mm角で設置する場合もあります。この場合には、人が上にのりませんので、グラつきも問題になりません。しかし洗面所は風呂の隣で、洗面・洗濯など水まわりが交錯しており、入りにくいです。まったく職人泣かせな場所で、メタボの職人では無理です。メンテナンスの立場としては、基本的に浴室の前が妥当と思います。

◎蓋のグラつきへの対処法

　枠金物周辺のあたる部位のグラつきに対しては"潤滑油"を吹き付けます。蓋のたわみに対しては、補強金物を追加することになります。通常1本の補強金物を、2～3本入れます。通常に施工可能な範囲で改善することになります。入居者も多少の難はあっても、一応納得してくれることが多いです。

◎床下点検時の注意点

　定期点検時には必ず蓋をあけますから、**事前に連絡して、入居者に荷物をどけておいてもらいます**。気を使って、こちらでどけても、入居者は「位置が違う」など、かえって不快に感じることになります。

　床下に実際に入って状況を確認する必要があります。建売住宅などでは、床下点検口を設置していない場合もありますが、よほど見られることがイヤなのでしょうか。和室の畳の下や物入れの床を調べても点検口がないこともあり、困ります。気づいたときには、傷みが激しく手遅れだったということ

> なんでこんなところにつけるの？

> ここが一番いいですよ。点検しにくいところはダメです。

浴室前に設置した600mm角の床下点検口

▶ 600mm角と大きく、メンテナンスしやすい点検口ですが、頻繁に通行する位置のため不満をもつ入居者も多いです。足拭きマットを敷いて目立たなくします。

がないようにしなければなりません。なかには、床下点検口・天井点検口ともに無しという場合もあります。コスト削減が過ぎて、必要なものを削ったことになります。

　床下では、なるべく広範囲に点検します。木屑が残っている場合もあり、工事中のアラと職人の人間性が見えます。埃や砂で作業服が汚れますので、汚れても問題ない服装と靴を用意します。マスクが必要となることもあります。合羽を来て入る職人もいます。要領のいい人は、車のついたボードを用意して、腹這いで滑って進行します。ただしベタ基礎の場合のみで、布基礎で内部が土の場合にはできません。点検完了後、汚れた服装のまま床上にあがると入居者にイヤな顔をされますので、迷惑をかけないように、養生シートを敷いておきます。

　床下では湿気・換気・白蟻・断熱状況・構造の傷み具合・水漏れなど、ひと目で異常を察知することができます。入居者がときどき、点検してくれればよいのですが、そうもいかないようです。

061 床下に給排水漏れがないか？

◎排水が床下に垂れ流しの家

　床下に排水が長期間漏れていた現場がありました。基礎はベタ基礎ではなく布基礎でしたから、床下の地面に自然に浸透していました。溢れることがなかったため、入居者も気づかなかったのです。雑排水ですから、悪臭がするはずですが、放置され続けました。あるときに、メンテナンス担当者が床下にもぐって発見しました。メンテナンス担当者も驚いたと思います。入居者も報告を聞いて、床下に溜まったヘドロを見て、びっくりしたはずです。

　原因は、排水管が接続されていなかったことです。住宅会社の決算期に間に合わせるために、見えるところだけをとりあえず完成させ、決算期の検査が済んでから、本来の接続工事を行うはずだったのですが、忙しさのあまり、そのまま接続されたものとして、引き渡したのです。工事監督も排水を全箇所検査しませんでした。本来なら、**2人1組になって、全会所の蓋を開けて、1ヶ所ずつ排水を流して、流れることを自分の目で確認**します。洗濯機の排水は、ホースを準備して確認します。

　排水管未接続とは、プロとしてとんでもないことです。通常は、異常が発生し、入居者から即クレーム電話がかかってきます。

◎「決算期対策」を講じた現場は要注意！

　そもそも、"住宅会社の決算期"とは何でしょうか？　会社の決算がなぜ建築主に関係あるのでしょうか？　3月の本決算と9月の中間決算というパターンが多いのですが、決算に間に合わせるために、工事を前倒しして無理やり竣工してしまうのです。該当支店の各責任者が、担当する期間内に業績を上げないと、人事評価にひびき、給料やボーナスに大きく影響するためで、次の人の評価は関係ありません。メンテナンス担当者としては、**決算期対策を講じた現場**には注意する必要があります。

　ビジネスの世界では、無理した仕事は良いわけがありません。工期がズルズル延びることは不可ですが、無理を通り越して、**無茶な工期で施工**する場合があります。乾かないうちに次の工程に進みます。検査をせずに、次の工程に進みます。材料搬入の都合で、工程が前後します。職人不足で、慣れていない職人に施工を任せます。住宅では、決算期は工事の癌です。

> ちょっと！なにこれ？
> 素人じゃあるまいし。

> これは無茶苦茶ですね！
> ウチで直します。

床下で発見した保温されていない給湯管

▶ 人目につきにくい床下ではとんでもないものを発見することがあります。保温材をけちったのか、仕事がイヤなのか、部分的にしか保温されておらず、無茶苦茶です。

良好な床下環境

▶ カラカラに乾燥した床下です。水漏れや結露がなく、湿気を感じないので、良好な床下環境となります。床下に入っても感じの良いものです。

062 床下に結露が発生していないか？

◎床下と外部の温度差によって結露が生じる

　床下空間は、梅雨〜夏場には高温多湿の外気よりも低い温度となるため、結露の可能性があります。冬場には低温低湿の外気よりも高い温度となるため、結露はしません。

　入居している現場で、床下の温度を実際に測定（表1）してみますと、1日を通じて、変化なくほぼ一定になっています。外気の温度と比較してください。これが床下空間の温度特性です。

　結露が発生すれば、腐りや白蟻を呼ぶ可能性が高く、適時の点検が必要となります。昨年問題がなかったからといって、今年も問題がないという保証はありません。白蟻が来たら劣化の進行は早いですから、点検が必要です。

　「家の寿命を終わらせる最大の条件は、湿気である」と言われています。床下空間は、湿気の影響をもっとも受けやすいところです。もっとも、敷地の高低や地下水位、元の地目が田や沼地だったなどの敷地条件によって異なりますから、どの家も一様に不具合になるわけではありません。基礎形式も、布基礎であれば、より地面から湿気はあがり、ベタ基礎であれば、ベースコンクリートが防湿の役目をしますから、湿気の影響は少なくなります。

◎床下の換気が適正になされているかチェック

　結露によって常時湿潤状態になる場合、床下空間の木部は早期に腐り、鉄部は早期に錆びます。ひどい状態を見た入居者は、驚くことになります。しかし、床下換気が適正になされれば、結露の可能性は減ります。床下換気口として面積300cm^{2}以上の開口部が確保されていることが必要です。新しい建物では、土台パッキン形式、つまり、基礎と土台の間に"ネコ土台"というパッキンを挿入して隙間をつくり、そこから全周換気するシステムが増えてきましたが、まんべんなく換気できる良い方法です。

　自然換気を阻害しているものを取り除く必要がありますので、換気する近辺に物を置いていないか、植物を植えていないかを確認します。入居者に対する住まい方の啓蒙が必要となります。都会の狭小地では、隣家が建て込み、通風が確保できないことも多いですから、自然換気だけでは結露を防ぐことができないこともあります。その場合には、タイマーと湿度センサーのつい

冬の床下は異常ありません。問題は夏場ですね。

表1　外気温度と床下温度の比較

滋賀県の住宅で実測	測定時刻	外気温度	床下温
冬季 2/9～2/21 の 平均温度	7：00	2.2℃	7.9℃
	12：00	6.2℃	7.6℃
	18：00	1.9℃	7.7℃
夏季 7/15～7/28 の 平均温度	7：00	23.5℃	24.8℃
	12：00	28.0℃	25.0℃
	18：00	26.0℃	25.1℃

表2　建物外周部の換気口設置規準

建築基準法 施行令第22条	外壁の床下部分には、壁の長さ5m以下ごとに、面積300cm^{2}以上の換気口を設ける
住宅金融支援機構の 木造住宅工事仕様書	外周部の基礎には有効換気面積300cm^{2}以上の床下換気孔を間隔4m以内ごとに設ける

た、調整機能付きの床下専用換気扇を使用すると結露は収まります。1日6時間運転で電気代は月に100円です。ただし、常時換気扇を回して湿気の多い外気も導入してしまうと、結露を助長することになりますので要注意です。

063 床下断熱材が落下していないか？

◎床下断熱点検のポイント

　床下にもぐると、床用断熱材がぶら下がっている場合があります。点検しなかったら、気づかずにそのまま放置されるわけです。**断熱材の取り付けは、基本的に寒冷地においては、丁寧に施工されますが、温暖地においては、多少手早く済まされがちです。**断熱材を取り付ける職人にも断熱材施工の重要性の認識がなく、施工手間を削減するために、経験年数の浅い人に特別に指導することなく押し付けてしまいます。誰がやっても一緒だからといって、アルバイトを雇う感覚です。建築主としては、建物の性能に大きく影響するところであり、たまったものではありません。床下物入れなどでは、断熱材の施工を忘れていることもあります。

　床用の断熱材としては、ロックウールやグラスウールのような水を吸うものは、毛細管現象が起こるため、湿気の高いところには使えません。フォームポリスチレンやウレタンフォームなどの水を吸わない独立発泡の断熱材が使われます。断熱材は、大引・根太にかかるように施工しますが、施工中・点検時に人が進入する際、引っかかって落ちることもあります。

　床下空間に実際に人が入るのは点検時くらいです。めったに入ることはありませんから、辛抱してほしいということで、床下には人間にとって十分な高さは確保されません。メンテナンス担当者は床下に這っていくのですが、結構疲れます。メタボであればなお辛いです。床下点検口の蓋は 600mm 角しかなく、入るとすぐ地面ですから、移動に一苦労です。天井点検口は 450mm 角でもっと入りにくいですが、上部空間があるために、まだましです。

◎基礎を内断熱にしている場合は床下断熱材はない

　内断熱は建物の構造体のなかに断熱材を入れる一般的に使われる工法です。建物全体を外から覆いつくすのが外断熱です。基礎立ち上がりも外断熱をすれば良いのですが、**基礎の外に断熱材を取り付けると、外装部との間に蟻道ができて白蟻の被害を受けやすくなります。**したがって、日本では基礎のみは内断熱をすることもあり、その場合には床下空間は室内空間の扱いとなりますので、床下断熱は行いません。室内といっても、床下の防蟻剤を室内空間に入れてはいけないので、考慮しなければなりません。

床下の断熱材が落下している事例

床下に断熱材を入れ忘れた事例

064 床下構造に白蟻被害はないか？

◎定期点検ではかならず床下の白蟻被害の有無を見る

　白蟻が来たら、劣化の進行は早いです。そのために、メンテナンス担当者は、定期点検時には必ず床下にもぐって確認します。入りにくいところに、わざわざ入るのですから、**時間をとって、床下全面を確認**したいところです。点検口から覗いて「はい、大丈夫です」では、失礼になります。床下を点検した後、やっとの思いで戻ると、かなりの入居者は「ご苦労さんです」といって、評価してくれます。このような姿を入居者が見ることによって、信頼関係は続いていくものです。

　メンテナンス担当者は、あまり**効率を求めてはいけない職業**です。入居者との電話連絡・メール・現地訪問などの接触回数と時間を増やすことが必要です。住宅会社によっては、メンテナンス部門の部署名をサービス部というところもあります。メンテナンス担当者に、リフォーム受注などのノルマを課す会社もありますが、どうなるでしょうか？　当然メンテナンス業務を疎かにして、リフォーム受注を追いかけることになってしまいます。

◎**白蟻被害への対応**

　古い建物の床下環境は、驚くほど劣化している場合があります。雨水・結露水・水漏れなどの湿気があると、床下には白蟻が来ます。"蟻道"ができています。腐朽菌やカビの発生もあります。点検口を開けると、臭います。床下に入りたくなくなります（逆に風通しがよく、カラカラになっている床下では、臭いもありません）。

　以前から、訪問販売の手法をとる白蟻業者の悪質な手口が問題になっています。無料点検と称して床下にもぐり、入居者の不安を煽って、不必要な工事契約を結ばせるなど、その営業方法は脅し商売といっても過言ではありません。本来、白蟻が再発した場合は、再施工の保証や被害の賠償について住宅会社との契約約款を確認しなければなりません。メンテナンス担当者が異常を確認して、信頼できる白蟻業者に再確認します。蟻道を少しでも発見したら、即白蟻専門業者の出番になります。現在の、環境にやさしく比較的効力の弱い防蟻処理剤では、5年ごとに再施工が必要で、10年もちませんので、白蟻業者とは長い付き合いになります。

床下の蟻道

▶ ベタ基礎で乾燥状態もよい床下環境ですが、白蟻は侵入してきました。蟻道ができあがっているのが床下点検時に見つかりました。環境関連の規制により、防蟻材の効力が落ちており、白蟻のリスクは増加しています。

残った型枠からの蟻道

▶ 床下で基礎の型枠の残材を見つけました。床下の建築で使用した木材を放置すると、かなりの確率で白蟻を招きます。雨水・結露・配管漏水による水分の供給か、木材の放置のどちらかが、白蟻侵入の原因と言われていますから、要注意です。

整地されていない床下

▶ 築30年の古い家の床下です。布基礎コンクリートの品質不良、束石の歪み、整地レベル不良など、問題が多いです。床下の高さは比較的大きく、白蟻は侵入していません。床下環境が悪いから、必ず白蟻が来るわけではないのです。

065 床下換気はできているか？

◎自然換気が難しい場合は換気扇が必要

　床下空間の自然換気をしていれば、通常は結露の問題は生じません。しかし、なかには結露を防ぐことができない場合もあります。この場合には、床下用換気扇の取り付けが必要になります。

　床下換気扇設置の際には、訪問販売業者による販売攻勢に注意する必要があります。3点セットと呼ばれる「白蟻防除工事」「床下換気扇」「床下調湿材」を同時に見積りします。驚くほどの高額になりますが、入居者、特に高齢者は、なぜか契約されてしまいます。よほど営業が優秀なのでしょうか。新築時には住宅会社に対してあれだけがんばったのに、訪問販売業者とはいとも簡単に契約してしまうのは、不思議なことです。

　訪問販売業者は、保証などの点でトラブルの可能性が高まります。500万円未満の工事だけを請け負う場合には、建設業許可が不要です。技術的レベルや業者としての地元での施工実績も不明ですから、信用度がよくわかりません。トラブルが発生すると倒産して、新規に別の業者として再度開業するかもしれません。

　住宅会社のメンテナンスがしっかりとしていれば、ここまで訪問販売業者が増えることはないはずです。しっかりしていないから、入居者は訪問販売業者と契約してしまうのです。

◎換気扇を付ける場合の注意点

　重要な点は、単に換気扇を取り付けて換気するだけでは、外気の高温多湿の空気を床下に呼び込む結果となり、逆に結露が増えてマイナスに作用するということです。

　床下換気の設計が必要です。換気扇の設置には、昼夜を考えた24時間タイマー・温度センサー・湿度センサーの3点セットが必要になります。ON/OFFを自動制御することが必要です。1日あたり、平均6時間程度の運転になり、電気代はたいしてかかりません。

　換気扇の取り付け位置も考慮しなければなりません。"ショートカット"に注意します。ショートカットとは、給気口と排気口が近い場合、全体を換気せずに、給気口と排気口近辺だけを部分換気することです。

テラスや物置が床下換気を悪くしている例

コラム 7

究極の豪邸「落水荘」

　アメリカのペンシルバニア州にある究極の豪邸「落水荘」(設計：フランク・ロイド・ライト) をご紹介します。「FALLING WATER」とも呼ばれる、1936年竣工の建物ですが、現在でも瀟洒なデザインで、住宅建築の最高峰と言われています。毎年、世界各国から約13万人の人々が見学に訪れます。樹海のなか、滝の上に優雅にそびえ建っている素晴らしい別荘建築です。

　落水荘は、毎年1億円以上のコストをかけて維持管理されています。いくら広いとはいえ、住宅で毎年1億円以上のメンテナンスコストを必要とするということは、構造設計の無理による片持梁の沈下や雨漏りなどのさまざまな問題があることを意味します。

　夏の別荘として設計されており、涼しいです。プールには、山の水が引かれていますが、冷たくて入った人はいないそうです。コンクリートとガラスが多用されているため、冬の暖房は効きそうになく、寒いはずですから、居住性は悪く、通常に住める家ではありません。

世界的に有名な落水荘全景の撮影ポイント

樹海のグリーンの中でコントラストが圧巻

室内から階段を下りると川面に

バルコニーの水平線が美しい

第 **8** 章

小屋裏の確認

あなた、小屋裏に
いつから住んで
いるのよっ！

066 小屋裏に雨漏り跡はないか？

◎小屋裏に上がる際の注意点

　定期点検時には、必ず小屋裏に入ります。天井点検口は通常押入れ内にあるために、事前に小屋裏に上がることを連絡しておき、荷物をどけておいてもらいます。建売住宅では点検口がないこともありますが、必要なものです。1800mm脚立を用意しておきます。点検口の大きさは450mm角と小さく、入りにくいですが、小屋裏自体は、スペースの取れないフラットルーフの家を除いて、通常は高さがありますから、床下よりは入りやすいです。小屋裏空間も断熱材などで埃っぽいですから、上履きとマスクが必要です。

　小屋裏に上がる以上、時間を確保して、構造材の上だけに乗り、天漏りの兆候をみつけるために遠くまで移動します。昔、天井下地に乗って、天井を踏み抜いて落ちたバカな後輩がいました。大恥をかいたうえ、入居者に怒られたことは言うまでもありません。その補修のために通う羽目になりました。

◎点検のポイント

　小屋裏空間に上がると、仕事のアラが見えます。職人は、見えにくいところでは、手を抜きがちになります（入居者は小屋裏へは後から上がることが多いのですから、クレーム化のリスクがあると思うのですが）。

　まず、雨漏り跡がないかを確認します。**風向き・風速・雨量**によって、断熱材などで雨水を受けることができ、室内には出てこないような量の、わずかな雨漏りにつながる可能性もあります。そういう場合は木部にシミ跡がついています。雨降りの後は、濡れている場合もあります。雨の後は、雨漏り点検には最適のタイミングなのです。

　入居者は点検しないでしょうから、プロの目で点検します。**雨漏り→結露→腐り・白蟻**（水の供給があると早い）のサイクルに陥らないためには、早期発見により、補修のための費用・時間を少なくできます。

　建物引渡し後、10年以内なら**無償補修**、10年を超えたら**有償補修**が原則です。ところが雨漏りの場合、10年を超えて即漏れることは少なく、それまで発見できなかっただけで、雨漏り跡の状況から、その前から発生していたと判断され、有償補修と主張しにくいことが多くありますので、多少は柔軟に対応することになります。雨漏りは杓子定規にはいかないものです。

（このシミは雨漏りなんでしょう？）

（これは雨漏りですね。散水試験で調べます。）

過去の雨漏り跡

▶最近は止まっている過去の雨漏り跡も、風向き・風速・雨量の条件によっては、雨漏りが再発する可能性は高いです。この事例の場合、屋根材が銅板葺きで、その錆(さび)である緑青(ろくしょう)が出てきています。

雨降り直後の点検で、雨漏り跡を発見

▶タイミングよく雨降り直後の点検で、雨漏り現象を発見。表には出てこないわずかな雨漏りで、放置すると、結露・白蟻に発展する可能性があります。原因は下葺き材の施工不良です。

8 小屋裏の確認

067 小屋裏に結露が発生していないか？

◎小屋裏に換気口がなく結露が出た事例

　入居後6年経過の、ガルバリウム鋼板屋根の現場での不具合事例です。天井が勾配天井で、換気トップを取っていないために、小屋裏の換気が悪く、結露が生じています。さらに軒裏換気口もありませんから、**小屋裏空間はほとんど換気なしの状態です。これは設計ミスと言えます。**屋根温度と室内温度の差により、結露現象が起こっています（水の原因が雨漏りか結露かの判断は、慎重に行わなければなりません）。

　工事担当者や職人は通常、図面の通りに施工することを旨としています。図面がおかしいということで、確認することはありますが、人によりバラつきます。本来、小屋裏換気は絶対条件ですから、設計担当者と確認のうえ、建築主に説明し、換気を付加するべきでした。

　石膏ボードのカビ、構造金物類の錆び、構造体の腐り（真っ黒になっています）、温度差による、垂木（ラフター）の暴れにより生じる天井クラックなどの現象が出ています。**結露を放置すると、劣化の進行は早いです。**

◎小屋裏の不具合を見つけられるのはメンテナンス担当者だけ

　小屋裏空間は、入居者が日常的に点検するところではなく、気にされません。勾配天井だとなおさら点検のしようがありません。天井高をできるだけ大きくとりたいということで、垂木に直接天井用石膏ボードを張ることもあります。室内側に結露水による悪影響が出て初めて異常を察知することになります。それまでは結露が発生していても、放置されてしまうのです。

　入居者からの異常の申し出によって小屋裏の不具合を見つけることのできる人は、結果的にメンテナンス担当者しかいません。それも、入居者の申し出がないと難しいのです。建物を長く持たせることができるか、「30年住宅」で終わるかは、メンテナンス担当者にかかっていることになります。現実に日本の住宅の寿命の長短は、メンテナンス担当者の能力・意欲によるところが大きいのです。それも、入居者自身の「建物を長く使いたい」という気持ちが前提条件です。

　入居者が必要なコスト負担を嫌って、住宅を大事にする気持ちがなければ、対処のしようがありません。

室内側から見た換気トップ

▶ 小屋裏空間の換気は重要で、妻換気・換気トップ・軒天換気など、屋根形状と軒の出に合わせた自然換気を計画します。雨水が浸入するからといって、塞いではいけません。換気扇の設置も考慮します。

小屋裏の結露水

▶ 小屋裏空間の換気条件が悪い場合、結露して水滴がつきます。木部に腐りがきて、真っ黒に変色し、カビもはえています。小屋裏に上がると、湿気たカビ臭い臭いがします。結露により、建物の耐久性は急激に劣化します。

小屋裏金物の錆び

▶ 小屋裏空間の構造金物が湿気により錆びついています。釘もボルト類も錆びています。金物類は温度差によるヒートブリッジになりやすく、耐久性が低下します。小屋裏空間の換気量を多くすると、結露は消えます。換気は建物の耐久性に大きく影響するのです。

8 小屋裏の確認

068 小屋裏の換気は十分か？

◎小屋裏に換気扇を設置すると居室も涼しくなる

　小屋裏には換気をとることが原則であり、空気の流れを考えた設計が必要です。屋根が寄棟で、軒の出が無い場合には、自然換気が無理な設計になりますから、換気扇などの配慮が要求されます。**小屋裏に換気扇を設置すると、電気代は月に300円程度です。決して心配するほどかかりません。**

　小屋裏は自然換気のみの場合が多く、換気扇を設置することは多くありませんが、換気扇を設置すれば、2階の居室の温度も、夏場は2℃程度涼しくなり、エアコン代の節約にもなります。通常は小屋裏換気扇を考えることは少ないですが、使われるようになれば、建物の耐久性は確実にアップします。

　昔、後輩の工事担当者が自宅を建てました。工事期間は夏場であり、暑いということで、職人のために、どこかの現場で余った換気扇を仮に設置しました。職人から「涼しくて能率が上がる」と、すこぶる評判がよく、その換気扇はそのまま残すことになりました。施主曰く「部屋が夏場に随分涼しくなるから」と、自宅建設の際には、ぜひにと奨められました。

◎換気は建物の寿命を延ばす

　人が住むことのなくなった家はすぐに傷むと言われています。日本は、少子高齢化による人口減少社会に入りました。今では日本全体で、800万戸近くの家が空き家になっています。空き家の傷みが激しいのは、換気をしないことが大きな原因です。空気が動いていれば、傷みが抑えられます。**換気は建物の耐久性の観点から、きわめて重要な要素です。**

　最近は24時間換気が義務付けられました。本来はVOC対策として決められたことですが、建物の耐久性の面でも大いに貢献してくれますから、電気代がもったいないからといって、スイッチを切ってはいけません。電気を熱として使うと高いですが、換気として使うと安いです。耐久年数アップになるので、元はとれたうえ、大いに儲かることになります。

　参考までに、右頁の写真は、結露の止まらない寄棟屋根の現場で、換気トップに向けて換気扇をつくったものです。作動させると、一気に結露は解消しました。

小屋裏で木部の含水率を調査中

▶ 小屋裏換気がうまくいかず、結露が止まらなかった事例です。小屋裏空間で木部の含水率を計測しています。雨漏りが原因か結露が原因かの調査のため、時間をかけて散水試験を行った結果、結露であると判断しました。

換気トップ用の換気扇

▶ 屋根形状が寄棟タイプで妻換気が取れず、換気トップに向けて換気フードを屋根勾配に合わせてつくりました。換気扇を作動させるとまたたく間に結露は解消しました。換気扇を追加設置する方法も選択肢の一つです。特別につくった換気扇フードですが、金額的には高いものではありません。

（問合せ先：工藤工業㈱　TEL：072-332-1135　FAX：072-336-1862）

8　小屋裏の確認

069 小屋組構造金物のボルトナットはゆるんでいないか？

◎**ボルトがゆるむ原因**

　小屋裏空間には、各構法により、多くの構造金物が取り付けられます。メンテナンス定期点検時に小屋裏に上がると、火打金物や羽子板ボルト類のボルトのナットが緩んでいる場合がよくあります。入居者はナットの締め忘れだと考えて、即「欠陥住宅」であると主張する人もいます。すべてのナットが均一に緩むわけでもないのですが、すぐに40℃以上になる小屋裏空間では、緩みは当然に起こる現象と言えます。

　新築時の構造材の含水率は、20％以下という基準があります。現実には梁に丸太など大きな材を使用する場合、材の大きさから、乾燥度合いはもっと悪いはずです。集成材の場合には、比較的乾燥度合いは良いです。

　材木を放置すると、乾燥収縮がはじまり、材木の樹種にかかわらず"**気乾状態**"といって、14％前後で落ち着きます。材木には調湿作用があり、空気中の湿度の影響もありますが、20％の含水率が14％に低下するということは、ボルトのナットは緩むということを意味します。

◎**施工可能なところは「増し締め」を**

　ナットは、上棟時に大工がきつく締めますが、造作工程に進み、石膏ボードを張るころには、構造材の乾燥収縮により、少し緩みます。大工は、石膏ボードを張って構造材が隠れる前に、"**ナットの増し締め**"を行います。その後は、増し締めは行いませんが、入居して時間が経過すると、さらに乾燥収縮が進むために、少しナットは緩みます。

　小屋裏空間など、人が入ることのできるところは、点検時に増し締め作業をすると完璧です。屋根の端部の軒先までは、高さがなく、入りにくいのですが、施工可能なところだけでも、増し締めすれば親切です。壁のなかに隠れるホールダウン金物などのボルトもありますが、これは対処不能です。

　"**スプリングワッシャー**"と呼ばれるものが開発されました。ナットにセットされている場合もあります。これをつけておくと、バネ効果でナットは手では回りません。レンチで回せば回るのですが、手で回らないだけで、何となく不安感が薄まります。ナットが少し緩むからといって、ナットがボルトから抜けるわけではないので、締め付け効果がなくなるわけではありません。

構造金物の不足やナットの緩みを点検する

▶小屋裏空間は人目につきにくいところであるため、大工も、室内施工よりも手を抜きがちになります。構造体は工事中にしっかり管理しなければならないところです。

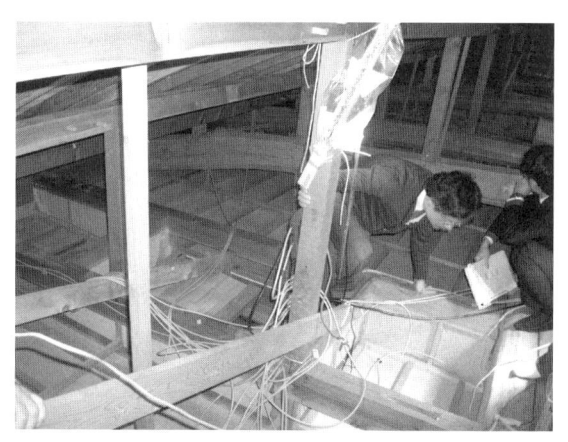

トラブル事例の検証

▶トラブルになると、それぞれの立場の弁護士・一級建築士が現場検証することになります。施工側はこのような事態になることを想定しなかったことでしょう。多くの不具合が表に出てきます。裁判所の調停に発展する場合もあります。

070　小屋組プレート金物類の異常はないか？

◎金物をけちって失敗した事例

　小屋裏空間には各種プレート金物類も多く取り付けられます。Ｔ型・Ｌ型・Ｉ型・ヒネリ金物などのプレート金物類で、部位により使い分けます。固定には釘・ビス・スクリューネイルなど、金物に応じた認定品を使用します。認定された構造金物は、釘の種類も本数も決められています。

　基本的に小屋束を固定する際には、上部に2ヶ所、下部に2ヶ所の金物で固定します。ホゾ・ホゾ穴は、計算上は無視して、金物を併用します。現在では必ず金物で固定することになっていますので、金物不足や、釘本数不足、認定外の釘の使用などは不可となります。

　写真1、2は、大きな構造材の丸太を梁として使っているにも関わらず、小屋束を取り付けるときに、小さなカスガイを打ちつけた例です。構造丸太の乾燥収縮に伴って、ボルトのナットは大きく緩み、小屋束は浮き上がり、カスガイは引っ張られて切断してしまいました。小さなカスガイ金物が、材の大きさに負けています。せっかくの立派な材料を使いこなせていない結果になりました。適材適所でなかったことになります。

◎金物は大工持ちから住宅会社支給へ

　昔の大工が「金物持ち」で施工すると、このようなことが発生します。大工の請け取り金額から金物代を出すのですから、安い金物を少し施工するということになるのです。最近は住宅会社が金物を支給するようになりましたので、大工は現場で支給された金物を施工するだけです。住宅会社の発注システムにより、現場の状況は変わりますから、メンテナンス担当者として、勘案しておくべきことです。

　住宅会社は、何回もトラブルを経験して、現在のシステムを採用しています。つまり、「マニュアル化」です。誰がいつ施工しても合格になるように、決められた部位に、決められた金物を、しかるべき数量取り付けるようになっていますので、職人によるバラつきがないわけです。

　味気ないといえばないのですが、構造検査で問題をおこさないためには、結局マニュアル化しかないのです。住宅会社では、品質のバラつきは困るのです。

写真1　カスガイは切断され、ナットは浮いている

▶ 大きな丸太の梁に小屋束を取り付けていますが、金物は小さなカスガイです。丸太の乾燥収縮に負けて切断しています。右のボルトのナットも大きく離れていますが、最初からの締め忘れではありません。

写真2　丸太梁・小屋束のカスガイが切断

▶ それにしても小さな平カスガイで、「けちった」という感じです。せめてT型金物でも取付けていたら、問題にならなかったでしょう。この建物を施工した大工はいつもの仕事をしたのです。他の現場も同じようになっているハズです。

写真3　プレート金物・ヒネリ金物

▶ 大手ハウスメーカーの建物です。マニュアル化されており、支給部材を決められた場所に取り付けています。ただし、施工時期により、改善改良が加えられていますから、すべての現場が同じというわけではありません。

8　小屋裏の確認

071 小屋筋交い・振れ止め施工はどうか？

◎現場の大工任せになりがちな小屋筋交い

　小屋裏には筋交いを設けることになっていますが、住宅会社も明確な数値で表現せずに、「バランスよく設置する」といった抽象的な表現にとどめていることが多いようです。筋交いは構造部材ではありますが、壁の筋交いは構造図面（伏図）に記載されても、小屋裏の筋交いは記載されないことが多く、現場で大工任せになっています。多く取り付ける大工もいれば、申し訳程度にしか取り付けない大工もいます。小屋束に筋交いを「両面打ち」するか「片面打ち」するかも、人によってバラつきます。小屋筋交いをまったく施工しないということはほぼありませんが、指示する立場の工事監督も大工にお任せで、注意しないことが多いです。

　屋根勾配による小屋裏の高さも影響します。急勾配で高さがあれば筋交いも必要ですが、高さがなければ筋交い取り付けのスペースが取れない場合もあり、どこに取り付けるか、ケースバイケースという感じです。

◎現場に必要性が浸透していない振れ止め

　建築基準法施行令第46条第3項で「小屋組には、振れ止めを設けなければならない」と定められています。振れ止めは、各小屋束の下方を水平に連結してつなぐ部材です。振れ止めは、筋交いと小屋束の三つの部材で構造的に三角形トラスを構成して、小屋組の変形を防止します。木造在来軸組工法の建売住宅では、振れ止めの未設置が実に多く見受けられます。振れ止めを適切に設置している同じ住宅会社であっても、古い建物では未設置が多いです。筋交いの施工だけで振れ止めも完了しているものと勝手に解釈している場合もありますから、要注意です。難しい仕事ではありませんが、住宅現場に従事する人の知識不足と言えます。施工しなければならないものとの認識がないのです。

　末端の職人までの教育は難しいため、住宅会社の標準施工マニュアルには記載されていても、現場ごとの構造図面に記載されないものについては要注意です。常時その住宅会社の仕事だけをしている職人は問題ないことが多いのですが、たまに仕事をする場合や、応援の職人は、親方次第ということになってしまいます。

小屋筋交いを留める釘が1本のみだった事例

▶小屋筋交いは貫材（15×90mm）で固定しますが、薄い材料の場合もあります。各小屋束との取り合いですが、この場合は釘を1本だけで固定しています。建築では釘1本で留めるということはありません。最低2本以上は打つものです。

小屋筋交いがあるが、振れ止めがない事例

▶小屋筋交いのみを施工して振れ止め材がない事例です。よく見られる事例であり、珍しいものではありません。特に古い建物では、振れ止め材施工のないことが圧倒的に多いのです。

072 小屋裏の断熱材に隙間はないか？

　天井点検口（450mm 角）の蓋をあけて小屋裏に上がります。蓋の上にも断熱材が置いてあって入りにくいこともあります。丁寧な大工は蓋の大きさに合わせて断熱材を切断して張り付けます。通常の住宅現場では、屋根の断熱材ではなく天井に敷く断熱材（ロックウールやグラスウール）が多いです。

◎小屋裏断熱材のチェックポイント

　問題点としては、①断熱材そのものが施工されていない場合、②断熱材の表裏を逆にしている場合、③断熱材に隙間がある場合、④断熱材の表裏のビニールが破れている場合、⑤後から工事に入り断熱材をめくったままの場合、などがあります。特に**断熱材に隙間があると、断熱性能が著しく低下する**わけですが、複雑な小屋組のなかでは、**完璧に隙間なく施工することは困難**です。天井吊り木やダウンライトがあれば、隙間ができることは当然です。セルローズファイバーなど、ブロアー吹付けの断熱材なら隙間はできませんが、住宅現場では少ないのが現状です。

　断熱材の厚さが規定通りかも注意が必要です。この規定は、年代によって異なっている場合が多いです。天井断熱材の厚さは、50〜200mm が多いですが、古い建物ほど断熱材は薄く、新しくなるほど厚みを増しています。断熱の標準仕様は、原則プラス側に変わってくるのです。

◎断熱材の表・裏も重要

　ロックウールなど繊維質系の断熱材の場合、よく観察しないとわかりませんが、表面（印刷してある方）のビニールには穴が開いておらず、裏面（印刷のない無地）のビニールには小さな穴が開けてあります。これは、室内の湿気を断熱材に浸入させないために、室内側に断熱材の表面を向けるためです。それでも若干浸入した湿気は、断熱材裏面の穴から出ていきます。結構断熱材メーカーも芸が細かいのです。したがって、**断熱材の表裏を間違えると、結露して建物の耐久性に影響**してきます。

　断熱材の表裏は重要ですので、断熱材のビニールが破れていたり、ビニールを外して細い隙間に差し込むといったことは、現場でよく見受けますが、当然不可です。断熱材に関しては、無頓着な職人も多く、特に温暖地の職人は断熱に関する教育をされていない人が多いため、注意が必要です。

天井断熱材なしの現場

▶ 新築以来、10年以上もトラブルになっている住宅現場です。多くの不具合点がありますが、天井断熱材が全く無いことも大きな問題です。立派な構造材料を多用した豪邸ですが、断熱・気密といった新しい知識が皆無だったようです。

補修工事により断熱材が無茶苦茶に

▶ 補修工事に入った職人のマナーが悪い例です。断熱材をめくり、隙間だらけにした上、断熱材の上下の向きを変え、ゴミだらけにしています。バレることはないと思ったのでしょうか。職人の人間性の問題です。

073 小屋裏物入れの補強はどうか？

◎小屋裏物入れをつくるなら小屋裏構造の補強が必要

　小屋裏空間の有効活用策として、小屋裏物入れを設ける場合があります。特に都会の狭小地では空間の有効使用を考えますから、よく見られます。その際、小屋裏の構造材である「筋交い」や「振れ止め」は無しにしないと納まりません。その代わりに小屋裏物入れの床面・壁面・天井面を剛にすることで補強します。床面を構造用合板で張り付けると、火打ち補強以上になり、面全体で強固になるので、構造的には良くなります。壁・天井に石膏ボードを張ることにより、筋交い・振れ止めの効果を期待します。斜め材をなくし、水平・垂直材のみを、通常に施工できる範囲で補強するという考え方になります。

◎訪問販売の業者が筋交い・振れ止めを外して放置した事例

　右の写真は、入居者の予算の関係で、小屋裏の半分の床に合板を張って物置にした事例です。機能面だけ見ればこれで良いのですが、筋交い・振れ止めを外して放置しています。床を張っていないところも、天井吊り木受け桟と天井吊木を外していました。外す必要はないのですが、仕事の邪魔になったのでしょうか。これではさすがに天井が下がり、下階の建具の調子が悪くなってクレーム化しました。

　現場で確認すると、訪問販売の飛び込み業者が安く施工したようです。責任を負わないシステムですから、その場限りでいい加減に納めていきます。その分、安いわけです。

　新築工事を施工した住宅会社がメンテンスならびにリフォーム工事を施工するのであれば、構造も理解しており、保証も継続しますから、問題は少ないのですが、他の業者を入れると、保証は途切れるのみならず、構造的にマイナスになる場合がありますので、要注意です。

　在来木造住宅やツーバイフォー住宅などの一般工法（オープンシステム）の場合はまだしも、ハウスメーカーによる特殊な認定工法（クローズドシステム）の場合には、金物・釘の種類と数量まで指定品を使用する条件で認定された特殊な工法ですので、通常の施工者では構造の理屈がわかりません。認定品以外の材料を使用すると違反になります。

小屋裏物入れをつくる場合は構造のことも忘れずに

▶小屋裏物入れをつくる際に天井と壁を補強せずに床合板のみ施工した事例です。小屋筋交い・振れ止めなどは邪魔になるので、外しています。

小屋裏物入れをつくる際に小屋筋交いを切断してしまった事例

▶多くの小屋筋交いがあったのですが、特に基準がないのをいいことに、小屋裏物入れのために小屋筋交いを切断しています。

コラム 8

プロとアマ

　先日、知人から「事務所のエアコンが駄目になったので、取り替えたい」と連絡がありました。「おまえなら業界のプロだから賢く買えるだろう」とのことでした。そこで私は気軽に了承しました。

　仕事上の知り合いの冷暖房屋に連絡して、現場立会いを行ったうえで見積り依頼しました。プロの私に対しての見積りですから、それなりの金額を提示することでしょう。数日後の見積り金額は32万円でした。そのまま提出しても良かったのですが、念のためにインターネットで調査しました。見積りもするとのことで（素人の立場）依頼しましたところ、まもなく回答メールが届きました。金額は24万円でした。材工一式価格で8万円安くなってしまいました。

　素人がプロよりも大幅に安く仕入れるという歪んだ現象が出てきています。プロにとって困った問題です。私の場合、「おまえに依頼して賢い買い物ができた。ありがとう」と言ってもらえるストーリーになるはずでした。ところが、素人の方が安く仕入れ、「24万円に対して33％（8万円）も利益を上乗せしたのか」と思われてしまう、人間関係を崩しかねない問題です。

　インターネットの急速な普及は止めることのできない流れですが、プロと素人の差を急速に縮め、あるいは逆転させてしまうことになりました。金額に関しては、プロと素人は同じ土俵での勝負になり、プロの優位性が発揮できません。知識も同様です。素人がインターネットで検索すれば、きわめて短時間でプロ顔負けの知識を得ることができます。ここでも同じ土俵の上での勝負となります。

　それでは、プロとしての体面を保つにはどうすればよいのか？ということが問題になってきます。単なる知識ではなく、経験によって裏付けられたノウハウ、センス、判断力、交渉力、人脈等といった一朝一夕では手にいれることのできない、すなわち素人では無理なところで勝負するしかありません。同じ土俵で戦ってはいけません。プロは金額・知識では素人と勝負できない時代です。プロが勝負できるのは、長い経験によってしか得ることのできないノウハウ・センス等であり、これは経験を通じて磨いていく必要があります。

第9章

給排水ガス設備の確認

ママー！
お湯が全然流れない。
また詰まったよー

074 給水給湯管の凍結防止対策ができているか？
（寒冷地の場合）

◎給水給湯管の凍結・パンク対策「水抜き」

　給水給湯管が凍結する場合があります。凍結すると、水という液体から氷という固体になります。そのときに水の体積は9％膨張しますから、配管のパンクが起こります。給水給湯管器具のなかで、もっとも弱い部分がパンクします。専門家を呼ばないと修理できません。

　特に寒冷地の別荘地など、人が常時住んでいない場合には、異常を察知できませんから、大事に至ることもあります。建物外部でのパンクなら、シューッという音がして、水が流れているだけですが、困るのは、誰もいない家の壁のなかで、水が長期間にわたって、流れっ放しになることです。外気温が低下しても、壁のなかの温度低下はましですが、無人の場合や外気温度がきわめて低くなった場合、凍ります。これは避けなければなりません。そのためには配管の"水抜き"を行います。行うのは入居者になりますから、住宅会社は、確実に水抜きの方法を入居者に伝達しておかなければなりません。配管のなかの水をなくしておくと、体積は膨張しません。水抜きを忘れたら、即パンクになります。

　人が住んでいる場合なら、少しずつ水を流しておくという方法もあります。動いている水は凍りませんから。しかし、水の出が少なくて、万一止まったら、これまた即パンクになります。気温の下がる前の日に、予想気温を把握して、管理しなければなりません。**温暖地の都会に住んでいる方には、凍結の認識がありませんから、別荘地でのパンクは、よく起こります。**

　知識の少ない入居者に対しては、メンテナンス担当者が、実演しながら説明して、確実に水抜きを行うようアドバイスすることです。水道メーターの止水栓を閉栓して、なるべく低い位置にある散水栓ボックスの水を出すと、すぐに水はなくなります。

　また、水抜き以外の凍結防止策として、保温材を使う方法もあります。水道メーターボックス内部もよく凍結するところで、例えば福島県いわき市のHPでは、ボックス内に保温材を入れることを推奨しています（右頁の図）。

◎凍結のみならず結露にも注意

　室内の水道配管の壁体内の立ち上がりも重要な問題です。給水管の冬場の

メーター　止水栓

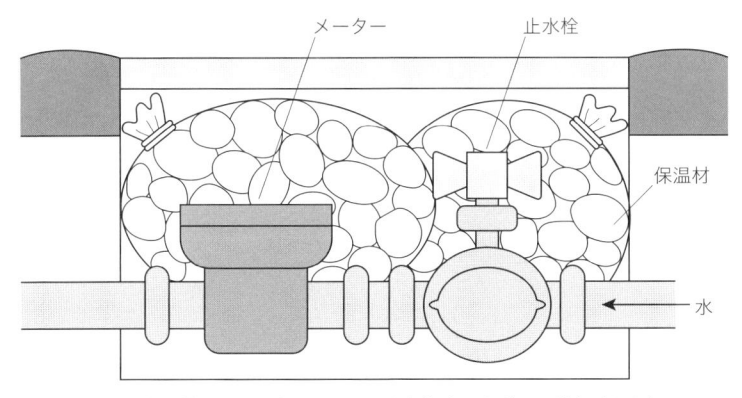

メーター保温材または発泡スチロールを親指大にちぎって袋などに入れる
水道メーターボックス内の凍結防止策
（出典：いわき市HP http://www.city.iwaki.fukushima.jp/machi/suido/003070.html）

▶水道管は、気温マイナス4度以下では、凍結・破裂の可能性が非常に高くなります。水道メーターまでは公共物ですが、給水装置は個人の所有物であるため、破損してしまうと所有者が修理費用を負担しなければなりません。

凍結防止を目的として保温管を巻きますが、同時に、給水管の"夏結露"と呼ばれる現象もあります。夏場の暑いときに、給水管を通る水は冷たく、温度差が生じるため、給水管には"防露巻き"が必要です。壁体内の配管が結露して、内部の断熱材を濡らし、木部を腐らせてしまうのです。夏冬いずれも問題が生じますので、保温巻きで両方に役立つようにします。特に温暖地では職人の認識が甘く、この工事を忘れている場合があります。

◎設備のメンテナンスのために工事用図面が有用

給排水管を人間にたとえると、血管に相当します。長期間継続使用すると、傷みがきて、取り替えも必要になります。設備系は建物よりも寿命が短く、途中で設備の更新が必要な時期が必ず来ます。

使えなくなった設備だけを取り替えればよいので、一気に建物を建て替えるという考え方をする必要はまったくありません。その際、建物の竣工図があれば、計画が建てやすくなります。住宅の場合、通常は竣工図は作成されないことが多いですが、せめて、工事用図面の保管は必要です。業者側も保管するはずですが、業者が倒産すると、図面は必ず紛失されます。やはり建築主が、自己責任で保管するべきものです。自分で自分の家を守るという心がけを持っていただけるように注意を促しましょう。

075 給湯器の水漏れはないか？

◎給湯器の凍結防止は入居者にしてもらう

　外部に設置した給湯器が、凍結によりパンクして水が漏れている場合があります。入居者がいる場合には、すぐに連絡が入り、対処可能ですが、留守の時にパンクすると、困ります。水道業者を呼ぶと、給湯器の部品が壊れているので、給湯器メーカーに連絡してほしいと言われる場合もあります。多くは"エルボ"のところで、凍結により、金属部材に亀裂が入っています。

　給湯器の凍結によるパンクはよく起こります。凍結により、長い配管経路のなかでもっとも弱い部分がパンクしますが、そこが給湯器のエルボ配管にあたります。予想最低気温がマイナスになる日には、給湯器の電源を切ってはいけません。

　ときどき、専門家であるメンテナンス担当者が適切な説明を行っていないという理由で、入居者からお叱りを受ける場合があります。説明がないから、無償で補修せよとの要求ですが、**凍結については免責**になっています。新築工事のときの契約約款に記載されています。

　基本的に、このようなトラブルの原因は、"コミュニケーション不足"と言えます。凍結防止対策は、入居者しかやりようがありません。入居者に事前に説明して、納得してもらう必要があります。実際に失敗経験をしないと、わかりにくいことは事実ですが、防衛上、"この件は、説明しましたでしょう"ということが言えるようにしたいものです。メンテナンス担当者として、言いにくいことを言わないのは不可です。

◎給湯給水管に釘やビスを打ち込んだ場合

　凍結しない場合でも、給湯器のどこかから、水漏れすることはあります。施工ミスですが、一気に漏り出すことは少なく、徐々に染み出てきます。周囲に兆候が見られれば、確認する必要があります。

　壁内部には給水給湯管が配管されますが、大工が気づかずに、石膏ボード固定用の釘やビスを打ち込んでしまう場合があります。配管に打ち込んでしまうと、ほとんど水漏りしません。きわめて徐々に漏れ出し、あるときに一気に漏れます。水漏れが染み出す兆候が、しばらく見られます。入居者には気づきにくいものですが、外壁と基礎取り合い近くに染みが見られます。大

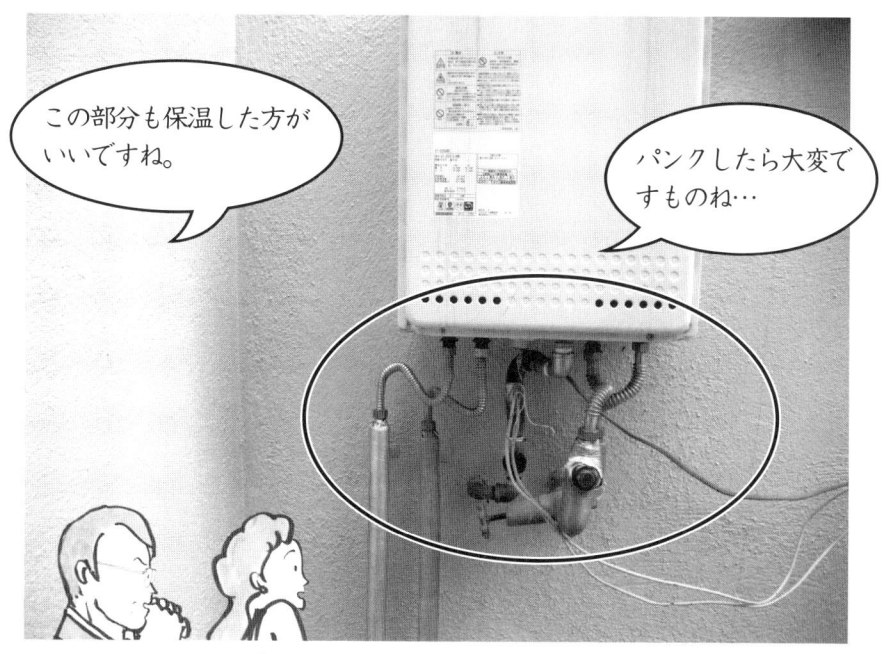

寒冷地の住宅の外部に設置された給湯器

▶温暖地・寒冷地の地域差により、凍結防止に対する考え方に違いがあります。寒冷地では、厳重に給水・給湯管に保温巻きします。また入居者も経験的に凍結に対する配慮をします。特に温暖地に生活する人が、別荘として寒冷地に建築する場合は、パンクすることが多く、十分な説明と実演が必要です。

抵は竣工引渡し直前に発見されますが、なかには入居後しばらく経過してわかる場合もあります。

◎給湯器関連の数字の意味

なお、「16号」や「20号」などと呼ばれる給湯器関連の数字の意味ですが、これは、「水温＋25℃」のお湯を1分間に何ℓ出せるかということを示すものです。たとえば、「24号給湯器」とは、水温＋25℃のお湯を1分間に24ℓ出す能力のある給湯器を表します。

16号なら年間を通じてシャワーが使用可能です。20号ならシャワーと給湯が同時に仕様可能です。24号なら冬場でもシャワーと給湯が同時に使用可能なパワーがあります。寒冷地なら余裕が欲しいものです。昔は20号の給湯器を設置すると、大き過ぎるとクレームがつきましたが、だんだん号数の大きな給湯器を標準的に使うようになってきています。

076 雨水設備が汚れていないか？

◎雨水会所に泥が溜まっていないか？

　排水は3種類に分かれます。汚水（トイレ）、雑排水（洗面・キッチン・洗濯・浴室・散水栓など）、雨水の3種類です。地方により、ルールは異なりますが、一般的に雨水会所は、汚水・雑排水会所と異なり、別の経路で集めて、道路の側溝へ流します。

　雨水会所には「泥溜め」を設けます。基準は深さが150mm以上です。点検しないと、泥が溜まって、排水を悪くしていることもあります。雨水が溜まるために、会所の蓋が格子蓋の場合には、ボウフラが発生する場合もあり、蚊の発生する季節には点検することも必要です。マンホール蓋の場合には点検は不要です。

◎地域によって様々な雨水利用の方法

　環境問題への関心の高まりを背景に、入居者から雨水利用について相談がくることがあり、メンテナンス担当者として意見を述べることがあります。雨水は、都会では空気中の汚れと屋根面の汚れを含んでいて汚いですが、本来雨水は天水とも言い、蒸留水ですから、汚いものではありません。貯留して再利用することも可能です。

　東京都墨田区では、「天水尊」「路地尊」と名付けて、雨水の有効活用を推奨しています。例えば、庭の散水用やトイレの排水などに「中水」として使用できるのですが、トイレの排水については配管の詰まりなどの問題もあります。また、水道水を買った方が安く、採算が合わない問題もあります。環境問題については、コストよりも意義を重視する場合も多いです。

　地方によっては、雨水会所の底を抜いて「浸透マス」とし、雨水を排水せずに地面に浸透させる方法を認めるところもあります。屋根に降った雨水を集めて、排水し、最終的に直接海へ流すことは、せっかくの雨水を捨てていることになりますが、地面に浸透させますと、「ヒートアイランド現象」の解消にも役立ちます。

　メンテナンス担当者としては、それぞれ地域による雨水処理の方法を把握し、管理方法をアドバイスすることになります。設備自体の補修については設備会社に連絡します。

通常の雨水マスと泥溜め

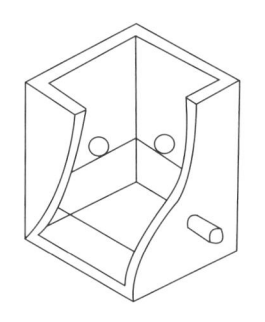

雨水会所の泥溜め

墨田区の路地尊

墨田区の天水尊

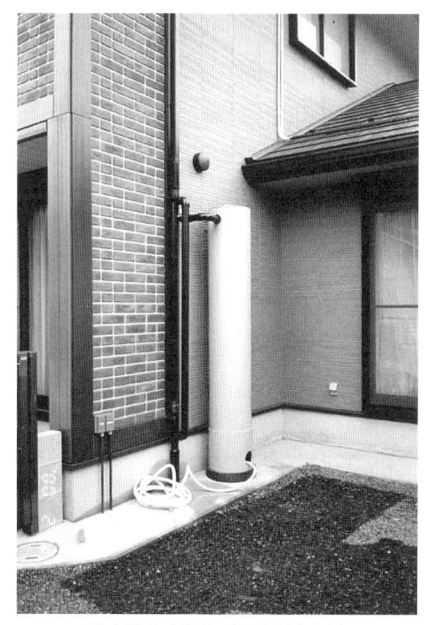

▶ 筆者考案の、直径300mmの排水管を利用した雨水の貯留槽です。重力排水による庭散水用です。雨降り初期の雨水は汚れも多いため排水します。コストが合わないため、日の目を見ることはありませんでしたが、試作しているときは楽しかったです。試作品は知人に差し上げて使ってもらっています。

排水管を利用した雨水貯留槽

雨水浸透マス

077 汚水・雑排水のインバート会所に油が溜まっていないか？

◎定期点検時にはすべての会所の蓋を開ける

　汚水・雑排水の会所の底面は、排水しやすいように、モルタルや樹脂で丸面が形成されています（右頁の図）。これを"インバートマス"と言います。下水は臭いので、匂いが上がらないように、樹脂製のマンホール蓋が採用されています。最近では会所ではなく、掃除口として、直径が小さ目になっている場合もあります。

　メンテナンスのための定期点検時には、原則として、すべての会所の蓋を開けます。入居者は排水経路まで点検することはありませんから、せめて定期点検時には、すべての会所の蓋を開けます。なかには油がこびりついている場合もあります。キッチンの流し台では、油を流さないようにすることが原則ですが、なかには流す人もあります。廃油を直接流さなくても、油料理をすると、多少流れることになります。

◎入居者に現状を見せることの重要性

　排水設備は適正に流れを確保したいもので、排水管が途中で詰まることは問題です。入居者の前で簡単に掃除を行い、状況を入居者に見せておくことに意味があります。決してイヤみではありません。結構短期間で異常状態になりますので、入居者は驚きます。人によりますが、その後はきっちりと配慮してくれる場合も多いです。長期間にわたって入居者がきっちりと管理していくことは簡単ではありません。建物を長く使用するための手段としてメンテナンスを行う重要性を入居者に理解してもらうことが大事です。

　人にもよりますが、排水関係には知らん顔の入居者が多く、なかには、「しょっちゅう見に来てください」と言う奥様もあります。「高い買い物をしてあげたのだから、それくらいサービスして当たり前でしょ」というわけです。

　私たちはメンテナンスのプロではあっても、実際に住んでいないとわからないことも多いのです。メンテナンスの主体は、入居者であって、メンテナンス担当者ではありません。メンテナンス担当者は、アドバイザーです。多くの入居者がメンテナンスするのを好まないことは事実ですから、啓蒙しなければなりません。メンテナンス担当者は、入居者の前で、実際にやって見せて、説明することが重要です。

> この汚水マス、ときどき点検してくださいよ。
> 流し台で油を流すのはダメですよ。

> あなたが来るときに点検しといてよ！

汚水のインバートマス

▶ 定期的に点検しないと、流し台から流れた油分がこびりついて、詰まってしまいます。

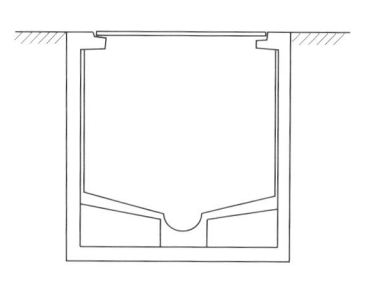

インバート会所の構造

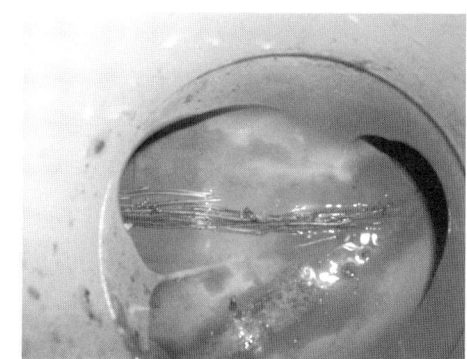

汚水排水管に木の根が侵入する場合も

9 給排水ガス設備の確認

078 カランを全部閉栓して、水道メーターボックスの針の動きを調べる

◎針が回っていれば、どこかで水が漏れている

　給水給湯管の水漏れを簡単に調べる方法です。建物内のすべてのカラン（蛇口）を閉じると、水道メーターは回りません。

　水道メーターボックスの中にはメーターがいくつかありますが、最も感度の良いものが、パイロットと呼ばれるものです。回転するパイロットは、少しの水漏れがあると回ります。回転が速すぎて見にくい場合には、1リットルの単位で回転するメーターで確認する方がわかりやすいです。

　針が回っているということは、どこかに水漏れがあるということです。染み出し程度の水ではわかりにくいですが、10分ほど経過後に、針の動きを確認して、問題なければ良しとします。

　住宅のメンテナンス上、水は重要な部分ですから、定期点検時には、水道メーターの動きは必ず確認します。針が回っていない、水が漏れていないということを入居者に報告しておきます。正常なところについては報告しないメンテナンス担当者がいますが、報告することにより、アピールすることになります。アピールが上手な方が評価されるのがビジネスの世界です。一般に、不具合点の報告事項は多くありませんので、同時に正常な点も報告することにより、コミュニケーションもとれます。入居者との接触時間は目安となりますから、せっかくの定期訪問時には、少し長めに時間を確保するべきです。できればお茶でもいただいて、休憩することを勧めます。

◎止水栓の点検

　水道メーターボックス内には、止水栓が設置されています。止水栓を全閉にすると、その建物の給水・給湯は全て止まることになっています。

　ところが、古い建物では、止水栓を全閉にしても、若干の水が出る場合があります。通常に入居している建物では、止水栓を閉じることがなく、開状態で何年も放置されて、止水栓が効かなくなっているのです。

　開閉を繰り返すと効く場合もありますが、それが無理な場合には、水道業者もしくは水道局に修理を依頼する必要があります。給水管に凍結破裂などのトラブルが発生した場合に、給水・給湯を止めることができなければ困るからです。

家の水栓を全部閉めて、メーターの針の動きを見るんです。
回ったら、漏れているということです。

なるほど。
でも、面倒くさいわね！

水道メーターの元栓

▶ ときどきは水道メーターのパイロットが動いていないかの点検を入居者が行うと理想です。

パイロット

水道メーターのパイロット

9 給排水ガス設備の確認

079 散水栓のクロスコネクションに注意

◎**上水配管に雑排水を入れるのは禁止**

　カーポートの洗車や庭の植木の水遣り用の"散水栓ボックス"を、敷地内のどの位置からでも使用できるように、敷地の対角に2ヶ所程度設置することが多いです。散水栓ボックスのカランにはホースをつないで使用しますが、排水設備はありません。排水管を接続しないのが通常です。散水栓ボックスの底部に細い排水パイプが見える場合もありますが、排水管に接続されているわけではなく、単に浸透を助けるだけです。

　散水栓ボックス内部は土のままになっており、溜まった水を自然に浸透させます。なかには、見栄えのためにモルタルで塗る場合もありますが、良いことではありません。ところが、大量に水を使用すると、土質に関わらず、浸透だけではまかないきれません。ホースと蛇口の接続部分からこぼれた水がボックス内に溜まり、溢れることもあります。そのときにホースを外すとどうなるでしょうか。溜まった水のなかに、散水栓の蛇口があります。負圧になったときに、**上水配管に汚れた水が浸入することになります。散水栓の排水は雑排水として扱われ、上水とは別にしなければなりません。**この現象は"クロスコネクション"と呼ばれ、上水と下水が混合することになるため、禁止されています。庭の池に、ホースで水を入れることもありますが、その際、ホースを池につけたままにしておくと、同様の現象が起こります。

　よく見られる現象ですが、入居者に使用法を注意したいところです。何気なく行うのですが、衛生的に問題です。言われないと分からないところですから、メンテナンス担当者の責任で説明して下さい。

◎**コン柱型の散水栓ではクロスコネクションは起こらない**

　なお、ボックス型と異なり、"コン柱型の散水栓"には、通常、足洗場を設けて排水をとることになっています。昔は足洗場をモルタルで作成していましたが、近年では樹脂製の既製品を使用することが多いです。足洗い場と排水接続が必要となるため、コストはコン柱型が高くなります。足洗い場にバケツを置いて使用しますので、一般にクロスコネクションの問題はありません。ただし、雨水ではなく、雑排水（流し・風呂・洗面・洗濯）の扱いを受けますので、雨水会所に流すことはできません。雑排水会所に接続します。

ボックス型散水栓に水が溜まるとクロスコネクションの恐れがある

（アッ、これは排水が逆流しますよ！気をつけてくださいね。）

（今ごろダメといわれても…そんな説明を受けていないわよ！）

▶一般のボックス型散水栓は底が土のままですが、水が溜まってクロスコネクションにつながることもあるため、注意が必要です。

コン柱型散水栓と足洗場

▶散水栓コン柱型と足洗場は樹脂製の既製品です。ホースを接続してもクロスコネクションにはなりません。

ボックス底散水栓のモルタル底

▶ボックス型散水栓の底にモルタルを見栄えよく施工されていますが、水が溜まりやすくなります。

9 給排水ガス設備の確認

080 ユニットバス・風呂排水は詰まりやすい

◎髪の毛が詰まりやすい椀トラップ

　風呂の排水では、髪の毛が詰まりやすいという問題があります。かなり短い期間でも、髪の毛や石鹸カスは結構溜まっています。洗髪時に、それだけ髪の毛が抜けているわけです。排水が悪くなれば、入居者の生活に支障が出ますから、放置され続けることは少ないです。

　土間排水には"**椀トラップ**"といって、風呂の洗い場の床に、防臭処置がされています。このなかに水を溜めることにより、下水からの匂いが上がりません（右頁の図）。防臭処置がなければ、排水は流れやすくなりますが、下水管の臭い匂いが上がってきますから、トラップは必要です。一方そのために、髪の毛は詰まりやすくなります。排水の流れが悪いからといって、トラップを外すわけにはいきません。基本的には**目皿を外して、入居者が頻繁に掃除**することです。

　入居者が、歯ブラシでトラップ周りを掃除をしているときに、歯ブラシを誤って、排水管内に落としたことがありました。そのうちに、排水管は詰まることになります。この場合、ラバーカップと呼ばれる吸引カップで、何回も気長に作動させると、多くの髪の毛などと一緒に歯ブラシが一気に出てきました。ダメな場合には排水管の取り替えになります。

◎**ユニットバスでも排水のつまりやすさは変わらない**

　新しい家を建てる際に、ユニットバスを採用することが増えてきました。在来型の浴室よりもユニットバスの方がトラブルも比較的少なく、メンテナンス面でも楽です。ユニットバスの場合には、下部まで点検可能で、修理も行いやすいです。

　ただし、排水の性能は変わりません。つまり、ユニットバスであっても在来浴室であっても、排水は詰まりやすいのです。小まめな清掃を入居者にお願いすることが重要です。

　手入れをせずに、しばらく放置すると、少し詰まりだし、水の流れが悪くなります。排水が排水口まわりに溜まるので、察知しやすく、掃除の時期が来たことがわかります。掃除をすると、多くの毛やゴミが出てきます。

「奥さん、ここも掃除してくださいよ！」

「ウワッ！汚いわね…主人にすぐ掃除させるわ！」

風呂場の床用排水トラップ

▶排水口の目皿をはずしたところ、髪の毛や脂分によるヘドロ状態。掃除はされていません。

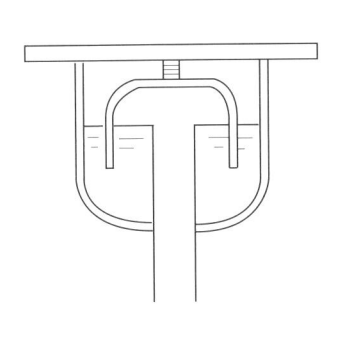

トラップの構造

風呂場の床用排水目皿

▶築20年の浴室の排水口、目皿の下が椀トラップになっています。ゴミがたまりやすく、掃除が必要です。

9 給排水ガス設備の確認

081 便器の詰まりはラバーカップで対応

◎便器の詰まりには迅速な対応が必要

便器が詰まったら、すぐに入居者から住宅会社に連絡が入ります。生活に支障が出るわけですから、即対応する必要があります。水道業者を派遣するか、メンテナンス担当者自身で対応するかになります。水道業者を派遣すると、通常はコストが発生します。

住宅の引渡しからあまり日数が経過していない場合は、不具合の発生に対して、入居者に費用を請求しにくいこともあります。住宅会社の考え方やシステムにもよりますが、可能ならコストをかけずに直したいところです。

設備系のトラブルは、大体において緊急を要します。なかには、「明日行きます」と言って怒られる場合も多く、「今から行きます」という答えを入居者は要求しているのです。

便器のトラブルでは"ラバーカップ"の出番となります。メンテナンス担当者は車に常備しています。何度か繰り返して行うと、詰まりがなくなることが多く、重宝します。2～3分行って、直らないからと諦めてはダメで、10分以上根気よく継続して行います。これで直らなければ、水道業者に対応を依頼します。

緊急事態であるため、まず1番にスピード対応が要求されます。対応に時間を要する水道業者は淘汰されていきます。一度悪い対応をすると、入居者から怒られ、事実上出入り禁止状態になりますから、水道業者は対応が早いことが通常です。

もっとも、入居者も配慮して、詰まりやすいものを流さないようにしてほしいものです。便器の構造や施工不良が原因で詰まることは多くありません。たいていは入居者が詰まりやすいものを流してしまうことが原因ですが、メンテナンス担当者としては知らん顔で黙っておきます。余計なことをしゃべると嫌われます。

◎「一通り対応できる」ようにしておくことの重要性

メンテナンス担当者が、入居者の前で実際に適切な処置を行って解決すると、感謝してくれて、いい気分になります。専門の職人ではなくメンテナンス担当者が自ら行う方が、入居者の評価はなぜか高いように感じます。時間

便器のつまりにはラバーカップ

▶便器の排水口にラバーカップを密着させ、静かに押し付け、勢いよく引きます。排水が引き込まれるまでこれを繰り返します。飛び散らないようにカバーをかけて行うと良いです。

がかかっても、がんばって対応してくれていると感じるからです。

　メンテナンス担当者は、職人ではありませんから、何でも直接することは無理ですが、緊急時には対応することが必要です。やろうと思えば、職人ほどうまくはできないが、一応できる、やり方はわかっているというのが、技術者として良いのです。

　メンテナンス担当者は、水道業者と同行する機会が多いので、その際に教えてもらって、また盗み見て、他の現場で実際に試しにやってみて、経験を積みます。わかりにくいところは、職人に質問すれば懇切丁寧に教えてくれます。親切に教えてくれないような職人は使いませんから、自分に合う職人ばかりが、まわりに揃うようになっていきます。この技術的蓄積は自分自身の財産にもなります。

082 水洗器具の止水・ストレーナー詰まりを点検

◎止水栓・ストレーナー・シャワー水洗をチェック

　洗面化粧台・トイレ・流し台などの水洗器具には止水栓がついています。止水栓には、手で回すものや、マイナスドライバーで回すものがあります。これらは、トラブルが発生した場合、他の配管は使える状態のまま、問題の配管系統だけを止めるためです。水道メーターのところにある、元栓を閉めざるを得ない場合もありますが、そうすると全部の水が使えなくなり、困ります。2階用だけは、別に止水栓が欲しいところです。

　カランに"ストレーナー"と呼ばれるメッシュが入っている場合があります。取り外してみると、結構ゴミが溜まっています。入居間近のころには、工事中のゴミも多いです。ストレーナーのゴミは、綺麗に掃除をしておかないと、圧力が低下して、給湯器が正常に作動しないトラブルが生じたりします。流し台のストレーナーは泡沫水栓になっていますが、外して、入居者に見せながら、ときどき掃除するようにアドバイスします。

　洗面化粧台のカランが、洗髪用のシャワーとして引き伸ばせる場合があります。シャワーを使用するときは伸ばし、使用しないときは中へ差し込んでおくわけです。問題となるのは水漏れです。シャワーに水滴がつくと、中へ差し込む際に水が入りますので、洗面化粧台のなかに入れていた物が水浸しになって困るため、水滴の受け皿が必要です。洗面化粧台のなかには、受け皿が付属しているものもあり、していないものもあります。溢れないように管理する必要もあります。

◎入居者にはできるだけのアドバイスを

　基本的に、入居者に対するアドバイスの量が多過ぎてクレームになることはありません。アドバイスが少なくてクレームになることは非常に多いです。仕事量が多く忙しいときには、つい、アドバイスを省略しがちになりますので、注意が必要です。

　住宅の世界でも、一般のビジネスの世界と同様に、ハード面そのものよりも、ソフト面の付加価値の占める割合が増加しています。入居者との接触回数など、ソフト面のサービスで、入居者はメンテナンス担当者や住宅会社を評価することが多いです。ハード面では格差付けができません。

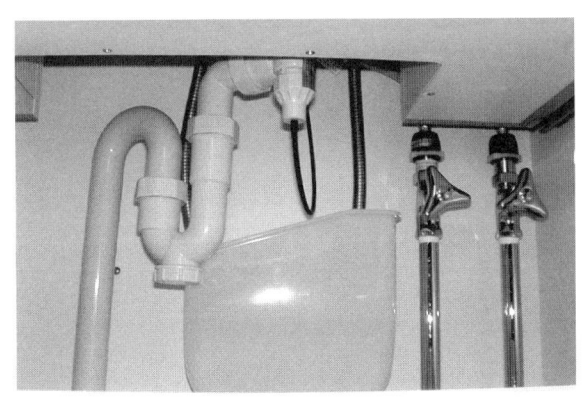

写真1　洗面化粧台の内部

▶洗面化粧台の給水・給湯配管の止水栓、排水Sトラップ、シャワー水栓の水受け皿が見えます。ときどき確認して異常がないかを見ます。

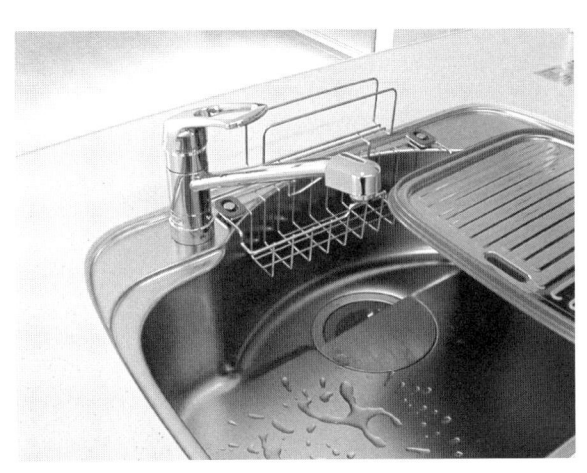

写真2　流し台の泡沫カラン

▶キッチンのカランですが、水が飛び散らないように、泡沫水栓になっています。ここに、ストレーナーの網が入っており、ゴミもとります。

写真3　洗面シャワー水栓

▶洗面化粧台に設置されている洗髪用のシャワー水栓で、取り出しができます。下には、写真1のように、水滴の受け皿がついています。水が飛び散ることが多いので、周囲にはコーキングを行い、隙間に水が入らないようにします。

9　給排水ガス設備の確認

083 排水トラップの異常はないか？

◎トラップの「封水切れ」に注意

　排水管に設けるトラップは、水を溜めることで下水の匂いが上がることを防ぎ、不快な生物の侵入を防止するという役割を持っています。

　排水トラップに溜まっている"封水"が切れて、トラップが機能しなくなることがあります。この封水切れを"破封"と呼びます。"封水深さ"の基準は50～100mmとされており、この水がなくなると悪臭が出るのです。悪臭のため、異常はすぐにわかります。上階のトイレ排水が一気に流れることにより、配管内が負圧になり、封水が引っ張られてなくなる場合もあり、これを"サクション作用"と呼びます。排水管に髪の毛がつき、毛細管現象によって水がなくなることもあります。

　風呂は使用回数が多いため、排水のトラップに封水切れが起こる可能性は低いですが、長く家を留守にするときに、溜まった水が蒸発して、破封が発生することがあります。室内に下水の悪臭が漂います。帰宅後すぐに、風呂土間に少しの水を流すとおさまります。

　トイレの土間にフロア・CFシートなどの床仕上げを行う場合は排水口を設けませんが、タイル・石仕上げの場合には排水口を設けます。この場合には封水切れが発生して、悪臭がすることが多いので、蒸発する前に常に水を補充する必要があります。しかし、トイレの土間排水に水を流して掃除することは多くはありませんから、すぐに蒸発してしまいます。

◎「2重トラップ」はNG

　新築時からの問題として、"2重トラップ"になっている場合があります。トラップの機能はありがたいのですが、トラップとトラップの間の水が流れにくくなりますので、トラップを数多くとりつけることは不可です。予備のトラップは不可で、2重トラップは禁止されています。トラップを設置する必要のある場合は、一つの配管経路で1ヶ所設置することが必要かつ十分条件です。

　流し台や洗濯機など、器具の排水で、じゃばら配管を使用する場合には、カーブしたところに水が溜まると、意図しなくても、自然に2重トラップになってしまう場合がありますので、注意が必要です。

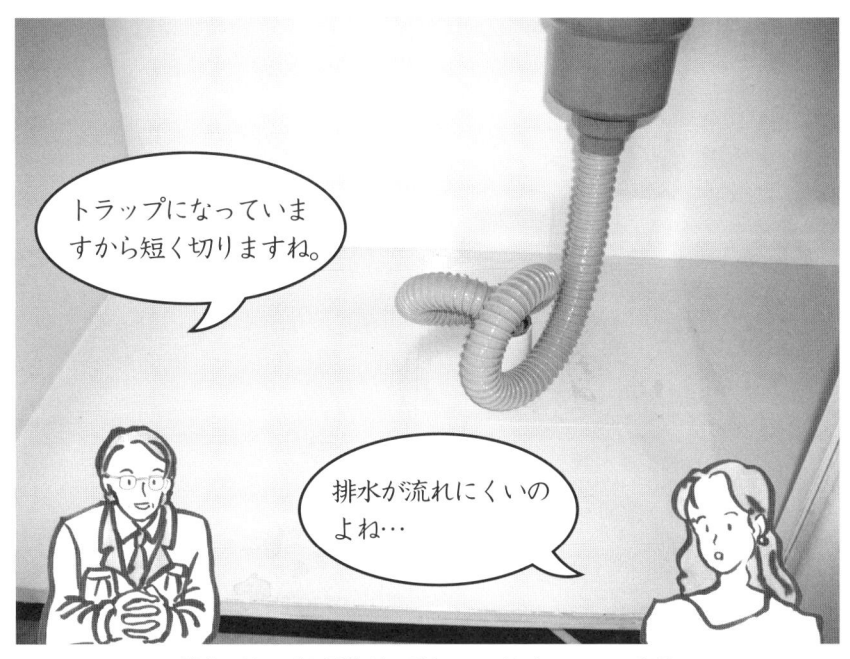

排水のじゃばら配管が二重トラップになっている事例

「トラップになっていますから短く切りますね。」

「排水が流れにくいのよね…」

排水トラップの封水

▶封水深さが確保されていますから、正常に機能しています。

9　給排水ガス設備の確認

084 洗濯排水管の接続不良・詰まりはないか？

◎排水管の接続不良がないかをチェック

　洗濯機の排水管に関しては、接続不良の問題が多いです。工事中に排水が適切に接続されているかの確認を行うのですが、その場に洗濯機がない場合にはやりにくいのです。わざわざホースを持参して、給水と排水口をつないで流します。一人ではやりにくいので、きっちりと接続できているだろうと想定し、確認を省略してしまうことが多いのです。大体、建築において、手間を省略するとトラブル発生の可能性は高まります。

　洗濯排水管の接続に関するトラブルとしては、水道職人が接続そのものを忘れていたということもありました。接着剤がついておらず、排水管が外れたということもありました。このように、工事の段階でミスがあることもありますので、注意が必要です。

◎洗濯排水管の詰まりをチェック

　洗濯機を使う際には、毛や糸くずなどが少しは流れてしまいますから、洗濯排水は最も詰まりやすい排水です。さらに下水の匂いを防ぐためにトラップを設けますので、余計に流れにくくなり、排水としては最悪の条件となります。

　洗濯機置き場は、洗面所に設置されることが多く、右写真のように、多くの排水配管が交錯しています。従来の塩ビ排水管とは異なり、最近使用されることの多い、工場でプレカットされるじゃばら排水管では、交差部で排水勾配も少し変わり、詰まりやすさに影響を与える場合もあります。

　なお、洗濯機の水栓は全開で使用します。水量については洗濯機が調整します。水栓が半開では作動不良となり、排水管の詰まりの原因になることもありますので、入居者に注意を促します。

　メンテナンス担当者としては、入居者に洗濯機の排水状態を聞き取りし、上記のような原因で詰まりが起きていないかチェックします。

　洗面所には、水周りの配管が集中しており、漏れがないか等の点検に便利なため、必ず床下点検口を設けています。入居者に床下点検口を開けて見せることも重要です。

洗濯機の排水接続口のトラップ

▶ 洗面所の床に設置された、洗濯機の排水接続口です。このなかにトラップがついています。糸くずや毛などが詰まりやすいところです。

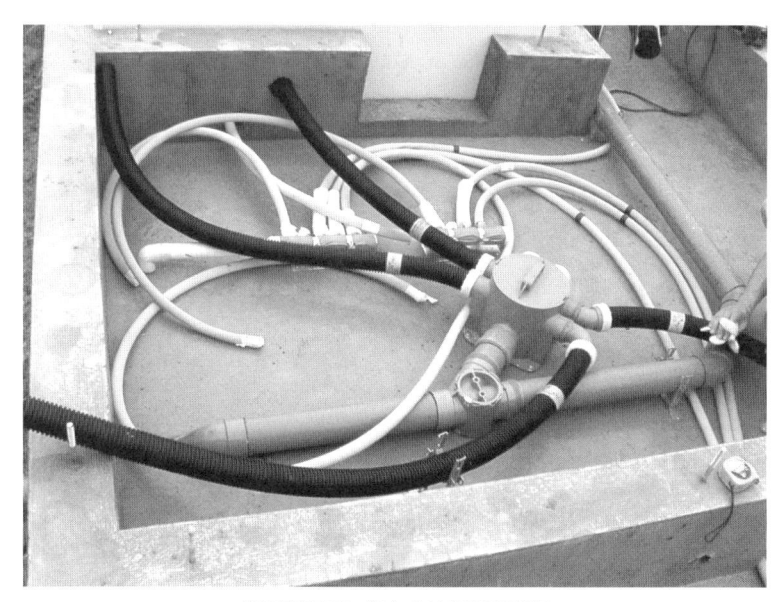

洗面所床下に集中する各種配管類

085 トイレの通気管未設置による排水後のゴボゴボ音はないか？

◎**排水のゴボゴボ音は通気不足が原因**

　2階トイレの水を流すと、ゴボゴボ音がする場合があります。大きな音が発生するために、来客時にはトイレを使用できない場合もあります。

　排水管のなかに、圧力の関係で空気溜まりができます。排水管に排水が流れるときに、排水が鉄砲のように空気を一気に押し出し、途中の洗面や台所の排水口トラップの水を激しく動かすのです。逆に、排水の流れた直後の排水空間の気圧が下がっても、排水口トラップの水を激しく動かします。

　排水マスの蓋を開けてトイレの排水を流してみると、音が解消する場合があります。これは圧力が負圧になっているということですから、通気不足が原因です。トイレの配管に"**通気管**"を取り付ければ、問題点は確実に解消します。通気管を後から追加することは、壁を外しての大掛かりな工事になり、かなり困難となります。

◎**通気管をコストカットの対象にする住宅会社もある**

　住宅では、あまり目立たないように、トイレ室内壁に埋設して点検口を取り付けることが多いです。負圧になったときに空気を供給し、かつ匂いの出ない優れものです。これを取り付ければ、ゴボゴボ音は解消します。

　住宅会社の考え方にもよりますが、何も言わなくても、標準仕様で取り付けている会社もありますし、追加のオプション仕様にしている会社もあります。最初から取り付ける計画をしていない会社もあります。**住宅会社の考え方を見る際の指標**となります。

　設備仕様書を確認して、通気管の表現がなければ、確認する必要があります。記載されていなくても、当然のように取り付けることもあります。通気管は本来、取り付けるべきものですが、当然コストのかかることですから、コストダウンの対象になりやすい部分です。見た目には、あまりわかりませんが、**コストダウン以上に、仕様ダウン**になっています。建築主には、気づきにくいところです。もっとも、この音をあまり気にしない方もあります。音の問題は人の主観により、感覚が随分異なります。

　建築主にはわかりにくい部分で、コストダウンを図る住宅会社が多いのですが、建築主に説明して、納得して不要なら、建築主が最終決断すべきもの

> これが通気管で、トイレの機能を正常にしているんです。

> 要は放っておけばいいんでしょう?

> まーそうですけど。

住宅トイレ用に設置された通気管

▶ 新築時点から、トイレに通気管を取り付けているということは、通常のレベルの住宅会社といえます。他の点でも、手抜きは少ないと想像できます。

です。技術者の建築主に対する説明のやり方によっては、建築主の結論が逆になることは多いです。決して誘導してはいけません。最初から、「要らないですよね」と言われたら、建築主は、「要らない」と回答します。万一、後から問題になったとしても、「そういえばあのとき、言ってくれていたよな。もっと強く言ってくれればよかったのに」で済みます。これらの失敗経験を数多くもっているメンテナンス担当者ほど、優秀ということです。

　技術者は、結論を○にでも、×にでもできるからこそ、丁寧に時間をかけて説明しなければなりません。忙しいときは、手を抜きがちになりますから、戒めなければなりません。仕事そのものよりも、説明に時間がかかります。時間をかけなければなりません。

086 浄化槽の定期清掃点検をしているか？

◎浄化槽は年一回の法定検査が必要

　浄化槽を使用する場合には、浄化槽管理業者と"浄化槽維持管理契約"を締結する必要があります。入居後すぐにされているはずですが、入居者が認識していないこともありますので、確認が必要です。

　浄化槽には、毎年１回の法定検査が義務付けられています。空気を送る"ブロアー"と呼ばれるポンプの点検も含まれます。業者によっては、ブロアーの風量低下などの理由をつけて交換をしきりに勧める場合もありますので、信用のある業者に点検してもらうことが重要です。

　浄化槽には、汚水だけを浄化する**単独浄化槽**と、汚水＋雑排水（生活排水）を浄化する**合併浄化槽**があります。以前は単独浄化槽が主流で、合併浄化槽はめったにありませんでしたが、現在では、単独浄化槽は禁止され、すべてが合併浄化槽になりました。この結果、全体でみると、水質環境的には、飛躍的に良くなりました。

◎入居者が注意すべき点

　合併浄化槽では、水中の微生物のはたらきを利用して、汚れた水をきれいにしています。水の汚れを分解・浄化する微生物がはたらきやすい環境にするために、次の点に注意して浄化槽を使うよう入居者に促します。

　トイレの洗浄水は十分な量を流さなければいけません。便器の掃除には微生物に影響するような薬剤を使用してはいけません。微生物が死んでしまいます。トイレにトイレットペーパー以外の異物を流してはいけません。浄化槽の電源は切らないでおきます。また、通気口や送風機の空気取り入れ口は塞がないでおきます。マンホールの上に物を置かず、蓋はいつもきちんと閉めます。塩素系消毒剤は切らさず、常に消毒されるようにします。台所から野菜くずや天ぷら油などは流してはいけません（流す人が多いのです）。

　水の汚れはトイレだけではありません。雑排水のキッチン流し台、洗面化粧台、洗濯排水、風呂排水なども浄化せずに放流して良いわけはありません。

　浄化槽を使用しなくなるとき、つまり本管接続時ですが、直接放流する際には、工事が必要となります。公営下水道が整備されてから、原則的に３年以内に行わなければなりませんが、別に役所から案内がきます。

浄化槽のブロアーの作動状況をチェック

▶ 新築 20 年の建物に取り付いている浄化槽のブロアー。点検のみで、取り替えることなく活躍中です。

新築住宅での浄化槽設置工事の様子

087 ガス器具の作動に異常はないか聞き取る

　ガスを最初から計画しないオール電化住宅も増えてきましたが、やはりエネルギーとしてのガスは標準で装備されている場合が多く、万一異常があると、生活に支障が出ますから、早急な対応を必要とします。

◎都市ガスとプロパンガスの違い

　都市ガスは、液化天然ガス（LNG）やナフサを原料とします。**空気よりも軽く、常温でも液化しにくい**特徴があります。プロパンガス（液化石油ガス、LPガス）は、**空気より重く**、常温でも圧力で液化し、体積を気体の250分の1にできるため、運搬に便利です。都市ガスよりも高い熱量を持ち、一般的に都市ガスよりも価格の認可や配送料の関係で高価格です。

　都市ガスとプロパンガスでは同じガスコンロは使えず、専用のガスコンロが必要です。もし誤って使うと、火災や不完全燃焼による一酸化炭素中毒などの重大な事故の原因となる恐れがありますので注意が必要です。都市ガスの場合は13A（熱量の単位）のガスが多いですが、12A、11A、6A、5Cなど複数の規格が使用されているため、規格ごとに指定されたガスコンロを使用する必要があります。

◎点検時のポイント

　特に都市ガスの場合はガスショップが多くあり、フットワークは良好です。ガス開栓のときに必ず点検してくれ、相談にものってくれます。ガス器具に関する異常を聞いた場合、メンテナンスの立場としては、安全上ガスショップにお任せするのが通常です。プロパンガスの店も、それなりにすばやく対応してくれますから、困ることは少ないです。

　入居者からの質問で多いのが「ガス器具の着火不良」と「冷水サンドイッチ現象」です。着火不良の原因の多くは電池切れです。冷水サンドイッチ現象とは、一度シャワーを止めてから再びシャワーを出す際、設定温度より熱いお湯が出て、次に冷たい水が出ることです。その後、ちょうどよいお湯が出るまでに数秒から数十秒かかります。シャワーの最中に一時止水した際に、給湯器内に溜まった水が余熱で温まりすぎ、高温になってしまう現象と、再出湯した際に、給湯器内の水が急に動くことによって、熱しきれなかった水が出てくることが、交互に起こる現象です。この現象を防止するために、「Q

「この給湯器、点火しにくいのよね…」

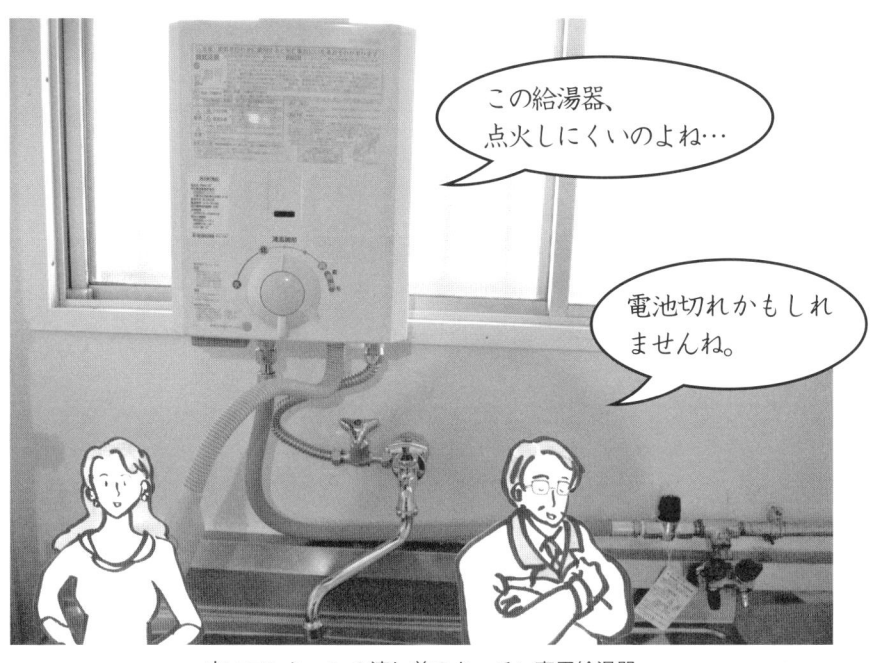

「電池切れかもしれませんね。」

古いマンションの流し前のキッチン専用給湯器

▶加熱装置とキッチンまでの距離が長いセントラル給湯に比べ、すぐにお湯が出るため根強い人気があります。点火不良の原因の多くは電池切れです。

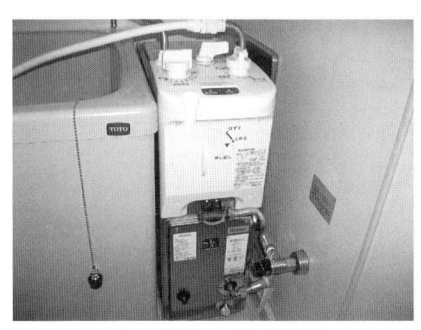

旧式の給湯器（浴室内部）　　　旧式の給湯器（浴室外部）

▶古いマンションの給湯器です。長く活躍しましたが、とうとう設備取替え工事をすることになりました。既に給湯器用の穴があいており、マンションのためリフォーム等の大きな変更をしにくいので、同じ型式で取り替えることが多いです。

機能」が開発されています。熱くなりすぎたお湯にバイパス回路からの水を混合させるなどの工夫がされています。

9 給排水ガス設備の確認

088 開放型暖房器具の使用はないか？

◎開放型暖房器具は空気の汚染と結露を招く

"開放型の暖房器具"とは、室内で燃焼して、その排気を外部ではなく室内に直接放出する暖房器具を言います。強制排気管のない石油ストーブ、ガスストーブ、石油ファンヒーターなどがそれに当たります。これらの暖房器具では、燃焼時に二酸化炭素等の汚染物質と水分が大量に発生しています。

石油ストーブで灯油1ℓを燃焼させると、水蒸気は水に換算して1ℓ出ることになります。室内壁の表面やサッシのガラス面で表面結露、壁体内結露が出る可能性が高いです。気密性が低ければ結露しませんので、結露が発生するのは気密性が高い証拠とも言えます。

結露は、アレルゲン（アレルギー誘引物質）であるカビの発生原因です。気管支喘息、過敏性肺炎、アレルギー性の鼻炎・結膜炎など、入居者の健康を害します。アレルギーは体質が大きく影響しますが、日本人の1/3は何らかのアレルギーをもっていると言われています。家にカビが生えたということは、今後もカビが生えるということです。

最近の住宅では、アルミサッシや石膏ボードを使用するようになっており、気密性は高くなりましたので、これらの暖房器具を使用する際には、十分な換気が必要です。気密性が高いため、汚染空気の逃げ場がなく、24時間換気での換気量では追いつきません。気密性の高い住宅では、有害物質を発生しない電気式か、FF（外部に給排気筒があり、外の空気を取り入れて燃焼させ、排気を外に放出するもの。室内空気は燃焼ガスにより汚れない）等の室外燃焼方式の暖房器具を使うべきです。

筆者の実家は、京都にある築80年くらいの昔の家です。サッシも石膏ボードも使っていません。冬は石油ストーブが唯一の暖房器具です。その上に常時ヤカンを置いて水を沸騰させています。いつもお湯を使うことができて便利です。しかし結露は起こりません。これだけ水蒸気を発生させても、結露しない理由は、家が隙間だらけで、気密性がゼロだからです。現在の気密性の高い住宅ではまず不可能なことです。

しかし、いくら古い家の気密性が低いといっても、程度の問題で、汚染空気と水分が大量に住宅内部に撒き散らされることには違いありませんので、

気密性の低い古い木造住宅でも開放型ストーブの使用は良くない

▶ 古い木造住宅で灯油ストーブの上にヤカンを置いて水を沸騰させています。住宅の気密性能が低いため、結露することはありませんが、室内に水分を撒き散らし、空気を汚染することに変わりはありませんので、お勧めできません。

良いことではありません。まして現代の気密性の高い住宅で開放型ストーブを使用するのは、良い住まい方とは言えません。

◎暖房器具の使用に関するアドバイスのポイント

基本的に、室内で燃焼する開放型暖房器具は、燃焼によって水と二酸化炭素を室内に撒き散らし、結露の可能性を高め、建物と人間の健康に悪影響を及ぼします。熱効率以外の面では良いことはありませんので、開放型暖房器具は使わないようにアドバイスしましょう。

室内で燃焼しない電気式のエアコンや床暖房などはそのまま使って問題ありません。一般に新しい機種ほど、省エネ等の面で性能は良くなっていきますが、今使用可能な設備をわざわざ新しいものに取り替える必要はありません。設備機器の金額とライフサイクルエネルギーを考えると、設備機器の寿命が終わった後に取り替えるべきです。

コラム 9

ブロークンウィンドウズ理論

　犯罪の予防理論ですが、経験則から導き出されていますので、実社会において、さまざまな点で応用できます。たとえば、人から見えにくい場所にある住宅で、1枚の割れた窓ガラスをそのまま放置しておくと、何がおきるでしょうか？　いつも割れた状態の窓ガラスを見ていると、さらにもう1枚ガラスを割ろうとする人が増えてきます。割れている1枚のガラスが2枚になるだけのことで、罪悪感を感じていません。原因は、「この家は管理されていない」というシグナルが発信されていることになるからです。街行く人はそのシグナルを敏感に感じ取ってしまうのです。たった1枚のガラスでも割れたら、すぐに修繕しましょうという犯罪予防理論を、アメリカの犯罪心理学者ジョージ・ケリング博士が提唱しました。

　この理論を実際に応用したのがニューヨーク市のジュリアーニ元市長です。ニューヨークの地下鉄車両はスプレーの落書きだらけでした。その落書きされた車両の落書きを徹底的に消すことに取り組みました。「地下鉄はしっかりと管理されている」というシグナルを発信したことになります。その結果、わずか数年間で、殺人事件の数を67%も減少させる実績を作りました。治安が回復し、中心街も活気を取り戻しました。

　地下鉄の落書きを徹底的に消すという取り組みが、何故、殺人事件の減少につながるのか？「管理している」というシグナルを発信したからです。結果として、犯罪都市ニューヨークを以前よりもはるかに安全な街にかえました。軽犯罪を取り締まることが凶悪犯罪の減少につながりました。

　住宅街で、「この家は管理されていない」というシグナルを発信するのではなく、「この家はしっかりと管理されている」というシグナルを発信したいものです。家の周囲や敷地周辺には、特に配慮して、掃除しておくと安全です。

（拙著『写真マンガでわかる建築現場管理100ポイント』学芸出版社より）

第 **10** 章

電気設備の確認

メンテナンスを
考えて工事しよう！

089 エアコンスリーブ穴の周りに雨水の浸入はないか？

◎後から開けたスリーブ穴は要注意

　エアコンは、新築工事のときには取り付けず、建築主が別途直接手配して設置工事を行う場合が多いです。エアコン設置にはコンセントが必要ですから、新築時にエアコンの位置は想定されているのですが、電気配線関係やエアコン取り付け用の下地のみ段取りします。スリーブ穴は、エアコンメーカーと機種により様々で、位置の特定が難しく、エアコン設置業者にお任せです。設置工事の際に、後から開けることになります。

　外壁も内壁も仕上がった後からスリーブ穴を開けるということは、下地の位置もわかりにくいため、適当に穴を開けて、桟を切断することもあり、構造的にも問題がある可能性があります。職人によりバラつくことになります。

◎シーリングの劣化状況をチェックする

　雨仕舞いという点から見ると、後からスリーブ配管を開けることで、**防水が完全にできずに、シーリングに頼る**ことになります。しばらくは問題ないとしても、長期的に見ると雨漏りの可能性が残ります。施工者はエアコン業者で、防水の専門家ではないために、不安になります。新築工事とは別ですので、建築業者に雨漏りの責任はありません。なかには、配管の勾配が内側下がりとなり、雨水が自然に入ってくるように施工される場合もあります。

　いずれにしろ、後から穴を開けるということは、防水テープなどによる正常な防水工事ができないため、雨漏りのリスクは残るということですので、**シーリングの劣化状況を把握する必要があります。**いまやエアコンを設置しないことはほとんどありませんから、メンテナンス担当者としては、すべての家でこの点は問題となります。

　この部位からの雨漏りは、原因の特定もしやすく、大きな問題ではありませんが、放置しても良いわけではありません。対処は、シーリングの更新で行います。雨漏り→結露→白蟻の連鎖にならないように管理します。

　建築工事にエアコン設置を含み、壁体内を配管する場合もあります。外部に配管が見えないため納まりはきれいですが、メンテナンスを考えると必ずしも良いとは限りません。設備の方が建築よりも寿命が短く、取り替えの場合には壁を壊すか、捨て配管として新たに露出配管を行うことになります。

> エアコンのまわりから雨漏りはありませんか？

> 壁に染みがあるような気がするわ…

化粧カバーされたエアコン配管

▶劣化状況は目立たなくなりますが、スリーブ穴からの雨漏りリスクはあります。

090 床暖房（温水・電気）の作動はよいか？

◎**人気の高まる床暖房**

　床暖房は、室内の上下の温度差が少なく、室温がそれほど高くなくても寒さを感じません。上部は暑くなく、下部は寒くなく、快適です。「頭寒足熱」の状態になる快適な暖房として、評価が高くなっています。床暖房の快適さを経験した人はハマリます。床の表面温度が設定されていると安全です。ただし温度感覚が低下している人は、長時間同じ姿勢で接触していると、低温やけどの危険性があります。

　温熱的に快適と感じるのは、暑くも寒くもない状態です。人間の肌が感じる温度の感覚を、数値で表したものを"**体感温度**"と言います。

　体感温度には**温度・湿度・気流**と、それ以外に、**壁・床・天井面の温度**が影響します。ここが重要で、"**輻射熱**"と言います。部屋の温度をがんばって上げても、周囲の温度が低ければ、暖かさを感じることができません。さらに、**服装と運動量**も加わります。これらの要素が影響しあって、体感温度を変化させます。

　足元の熱の伝わり方を考慮することで、体感温度は変わり、室温を変化させることなく、温かく感じるようにすることが可能です。室内温度をそれほど上げなくても、寒さを感じません。

　床暖房は、温水式と電気式がありますが、床仕上げ材の前に施工して"**建築化**"することになりますので、イニシャルコストは比較的高くなります。メンテナンスも簡単ではありませんが、そのコストに見合うだけの値打ちがあると認識されています。

◎**メンテナンスのポイント**

　高温とは言えませんが、床材もそれなりの温度に上昇するため、床暖房対応の床材の選択が必要です。対応していない通常の床材を張ると、確実に不具合が発生します。正しい木材を使っても、それでも**若干の隙間や反りなどの不具合の可能性**はあります。床暖房を採用する際の説明が重要となります。多少の狂いを許容できる人でないと問題化します。当然、配管のある部位には、釘打ちはできませんので、床鳴りに対する配慮も必要です。誤って上から釘を打つと、部屋全部を取り替える以外に方法はありません。

床暖房専用フロアを施工中

▶電気配線・温水配管があるために、フロア施工後に釘打ちがしにくいので、床鳴り対策として、ボンドを多めに塗りながら固定していきます。

　床暖房では、暖める場合、連続して運転することが光熱費を安くする省エネになります。「つけっぱなしはもったいない」ということでオンオフを繰り返してもかえって高くつきます。

　床暖房は全室暖房の場合が多いため、建物の断熱性能にも大きく影響されます。24時間換気も外気を直接取り入れる場合と、熱交換するシステムでは異なります。建物の性能・仕様によって、維持費は大きく影響されます。

　注意点として、家具の下になる部分に床暖房を設置すると、温度によって家具が傷みますから、床暖房を設置する位置については事前に計画が必要です。通常は、部屋の周囲は家具などの設置スペースですので、床暖房を設置しません。既に床暖房が設置されている場合は、その上に家具を置くことは避けるべきです。

091 テレビアンテナ取り付けのワイヤーによる雨垂れはないか？

◎ワイヤー取り付けによって軒樋の勾配が変わってしまう

　テレビのアンテナ工事は、街の電気屋さんの仕事であり、建築とは切り離して別途工事となることが多いです。アンテナを設置する際に、風で転倒しないように固定する必要があるのですが、屋根面にはアンテナ取り付けに適当なところはありませんので、四方の軒樋の取り付け金物からワイヤーで張ることがあります。納めとしてはうまくいきますが、雨の日には、その取り付けたところから雨水が滴り落ちることがあります。別にどうというほどのものではありませんが、気になりだすと気になり、クレームになることがあります。原因を説明すると理解してもらえます。建築側の責任ではないため恐縮されます。

　軒樋の取り付け金物をアンテナ取り付けのワイヤーで引っ張ると、風圧によりアンテナが動いて、軒樋の勾配が変わる可能性があります。もともとの軒樋勾配は1/500〜1/1000程度ですから、若干引っ張られると、微妙に**勾配が変わり、軒樋に雨水が滞留する**ようになります。建物に水溜りができることは避けたいところですから、建築側として、この点は困ります。

　したがって、軒先の鼻隠しや破風板部分に、軒樋取り付け金物とは別にワイヤーを固定してほしいものです。わざわざ、他人の行った仕事に対して、アンテナを取り付けなくてもよいと思います。

　竣工引渡し後に建築主が電気業者を段取りして、アンテナ工事を行いますから、建築業者とはコミュニケーションもとれません。メンテナンス担当者としての立場上は、建築主に指摘しておくだけになります。

◎建築時にあわせてアンテナ工事を行うことも一案

　建築時の外部仮設足場を利用してアンテナ工事を行うことができると、電気業者も安全上良いはずです。足場のない屋根に上ることは、電気業者としてもリスクを伴います。以前に建築主に対して提案をしたことがありますが、実際に建築途中にアンテナ工事を行ったことはありません。建築の職人も電気業者の職人も、双方が嫌がるようです。職人同士の人間関係は、難しいものの一つです。ただ、このような提案をするだけで、担当者としては評価されます。採用するかしないかは、入居者だけが判断できます。

雨の日にこのあたりに
ポタポタ落ちるのよ！

このあたりですかね。
ひょっとしたら
アンテナの取り付けかも。

テレビアンテナのワイヤー

10 電気設備の確認

092 24時間換気はスイッチを切らない

◎義務付けられた換気設備の設置

　2003年の建築基準法の改定により、住宅には24時間換気が義務付けられました。昔の家では、隙間風が入って、意識的に換気をする必要はほとんどありませんでしたが、最近の住宅にはサッシや石膏ボードが通常に使用されますので、気密性が高まります。特別に高気密・高断熱仕様ではなくても、自然な空気の入替えはできにくくなっています。

　法改正では、建物全体の空気を1時間あたり0.5回入れ替えるだけの能力をもった換気設備の設置が義務付けられました。その換気扇のスイッチを切ってはいけないことになっています。「電気代がもったいない」と言って切る人がいますが、それは不可です。

◎換気不足を放置して良いことは一つもない

　換気不足が原因で、結露が発生し、カビが発生し、ダニが発生し、病気になる可能性があるからです。気管支喘息(ぜんそく)のアレルゲンの第1位が、ダニの死骸と糞によるハウスダストだということは知られています。カビやダニを発生させないためにも、換気は必要です。

　「シックハウス症候群」と呼ばれる、新築やリフォーム工事直後の室内空気の汚染によって引き起こされる病気があります。室内空気の汚染源の一つとしては、使用される接着剤や塗料などに含まれる有機溶剤などがあります。化学物質だけではなく、カビや微生物による空気汚染も原因となります。

　建材や多くの家庭用品から発生するホルムアルデヒドやVOC（揮発性有機化合物）などの化学物質は毒性が強く、発ガン性もあり、アレルギーの原因にもなります。他にも人間の呼気による二酸化炭素が多くなると、息苦しさや、頭痛を引き起こす原因になります。

　これらの対策としても、換気は有効です。室内の換気不足を放置すると、よいことは一つもありません。建物の耐久性にも影響します。電気代の節約が可能としても、入居者の健康を害し、建物の寿命を縮めるなど、電気代を大きく超える損失につながりますから、換気扇のスイッチは常時オンにしておきます。換気扇の電気代は月に300円を超えません。通常は高いと判断しないはずです。

これが24時間換気なの？
この換気扇が健康を守ってくれるんです。

このスイッチは付けっ放しにしてくださいよ。
24時間換気しなければダメなんです。
エッ、もったいないから、切ってるわよ！
ホール
常時換気
階段

10

電気設備の確認

093 ソーラー発電機は雨漏りの可能性を高める

◎注目を集めるソーラー発電

　大きな地震が発生すると必ずエネルギー問題や原子力発電の是非が話題になります。日本国内ならどこでも、大きな地震発生の確率は世界的にみて非常に高いと言えます。日本の国土面積は、世界の大陸の0.25％ですが、マグニチュード6以上の大地震の発生数は世界中の地震の20％を占めていると言われています。つまり大地震は世界平均の80倍起こることになります。

　そのような背景から、環境問題とも関連して、太陽光の活用が関心を集めており、屋根面にソーラー発電機を設置する家が増えています。補助金が設定されていて、政策的にも誘導しています。自然エネルギーの活用ですから、基本的には素晴らしいことで、徐々に発電効率も改善されていくはずです。

◎ソーラー発電機の設置は雨漏りのリスクを高める

　問題は、ソーラー発電機設置に伴う雨漏り発生の可能性です。発電機の固定のために屋根面に穴を開けて、ボルトやビスで固定することになります。屋根の二次防水であるアスファルトルーフィングなどの下葺き材にも穴が開きます。つまり、雨漏りのリスクが高まります。極端に言えば、ソーラー発電機を設置すれば、垂木等の下地材に正しく固定できた場合を除き、一定の確率で雨漏りするといっても過言ではありません。

　本来なら、品確法により、雨漏りには10年間の保証期間があるはずです。新築段階でのソーラー発電機の設置なら、雨漏りは建築の範囲として保証されますが、後設置の場合、雨漏りの責任は建築業者ではなくソーラー発電機の設置業者に移ります。**ソーラー発電機を後設置すると、建築業者は雨漏り責任が免責**になるからです。建築の専門家ではない電気業者が雨漏りの責任を負うことになるため、雨漏りに対する技術があるのか不安に感じます。

　ソーラー発電機設置業者は、雨漏りに対しては保険でカバーするシステムをとっています。雨が漏れると、自分たちでは補修できませんので、補修工事を建築業者に外注することが多いです。現在のところ、各種工法が開発されていますが、このような方法で設置すれば雨漏りは発生しないという方法はありません。ソーラー発電機の設置にあたっては、設置業者にリスクがあるのです。

ソーラーは屋根に取り付けるんですね。

雨漏り対策をしっかりしなければなりませんね。

ソーラー発電機の固定方法（メーカーによって異なる）

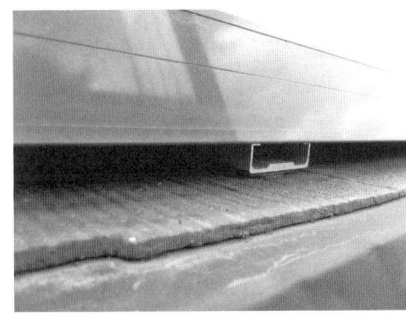

ソーラー発電機の設置状況

▶屋根材の上にソーラー発電機を設置するのですが、屋根材並びに屋根下葺き材に穴を開けて、ボルト・ビスにより、野地板に取り付けます。運がよいときは、垂木に取り付けることができます。防水材を破ることになり、雨漏りの可能性を高めます。

（上記写真3枚は、NPO法人雨漏り診断士協会提供）

10 電気設備の確認

227

094　オール電化のリスク

◎明らかになった原発依存のリスク

"オール電化住宅"は、家庭内で用いるすべてのエネルギーを電気に統一した住宅で、ガスを使用しないことが条件です。逆にガスをメインに使う住宅は"ウィズガス住宅"と呼ばれます。

深夜電力の金額は、コストも大幅に安くなるように政策的に設定されており、200Vの電気では火力も十分強く、近未来の住宅にはエネルギーとしてガスは不要との声が多くなりました。

給湯は深夜電力を使った温水器、調理はIH調理器、冷暖房はエアコン・床暖房などを組み合わせます。最新の設備ということで、マンション販売でも、オール電化住宅は付加価値が高いとされています。

2011年3月11日に、東日本大震災が発生し、福島県の原子力発電所に被害が発生しました。日本の原子力発電にとって壊滅的な打撃であり、今後日本では原子力発電所の新規の建設は事実上不可能となりました。原子力発電は、コストが安いという触れ込みでしたが、想定外の事故だったために、廃棄コストを計算に入れていなかったようです。

オール電化を大きく宣伝していた電力会社は、消費者に対して節電要請を余儀なくされ、オール電化を宣伝しなくなりました。基本的に、**住宅で使用するエネルギーを一つに絞るとリスクになる**ことがわかりました。リスクの分散のために、**電気とガスの2本立てが良い**ということです。

◎オール電化の注意点

リスクの問題は別として、オール電化の便利さは人気があります。ガスによる火力は強く、電気による火力は弱いというイメージがありましたが、200Vの火力の強さは目を見張ります。調理の時間の短縮もかなりのものです。火災に対する安全性が高く、住宅ローン金利の優遇制度や、火災保険の割引などもあります。

メンテナンスの立場としては、設備機器に関する保証期間については、設備メーカーの責任になりますので、お任せが多いです。建築の分野では対処できないので、設備メーカーに依頼することになります。設備メーカーも、直接建築主と連絡をとって対応してくれることが多いです。設備の進化は著

> オール電化にしたんだけど、電気代が安くなっていないのよ！

> 一度調べてもらいましょう。家の面積も大きくなったし、照明器具も増えていますから。

オール電化住宅にしても電気代が安くならない場合がある

しく、旧機種は廃番となりますから、部品の供給期間も制限付きになります。

　オール電化住宅の場合、給湯・暖房・調理を電気で行うことになります。通常は深夜電気料金が安くなるオール電化契約をしていますので、深夜の安い電気代によって、高温のお湯をつくり、大きなタンクに貯湯し、使用時には水で薄めて使用します。460ℓくらいの大きなタンクの設置スペースも必要です。

　電気は給湯以外にも使用します。一日中家にいたり、昼間もエアコンや照明など長時間電気を使う場合は、この料金体系のメリットを活かすことができず、逆にランニングコストが高くなることになります。昼間に大量のお湯を使ってしまい、さらに沸かすときも、昼間の料金単価の高い電力を使ってお湯を沸かすことになります。住まい方に影響されますので、逆に割高になる場合もあり、検討を要します。

　いったんオール電化にしてしまうと、またガスを使いたいと思っても、すぐに戻ることはできません。一度決めた熱源方式を変更するのは容易ではなく、途中からガスに変えることは困難です。

コラム 10

ハインリッヒの法則

「1：29：300 の法則」とも言われています。労働災害の発生割合を分析すると、重篤災害の起こる割合 1 に対して、軽症災害の起こる割合が 29、H. H.（ヒヤリ・ハットといい、事故にはつながらなかったが、ヒヤッとした、ハッとした場合で表には出ない）の割合が 300 になるということで、有名な法則です。

重傷災害：軽傷災害：H. H.（ヒヤリ・ハット）＝ 1：29：300

この割合は、失敗学の法則として、いろいろと応用できます。
・マスコミが報道する大失敗 1（内部告発などにより、会社が倒産する）
・その陰には、お客様からのクレームが 29
・実際にやっている担当者がわかっていることが 300
といったものですが、他にも経験則として、
・対処不能の雨漏り 1
・対処可能な雨漏り 29
・職人が将来雨漏りすると認識している 300（しばらくは漏らない）
とも言えそうです。
　シーリングだけで雨漏りを防いでいる部位では、いまは大丈夫でも、将来の雨漏りする可能性が高いことを職人は知っています。

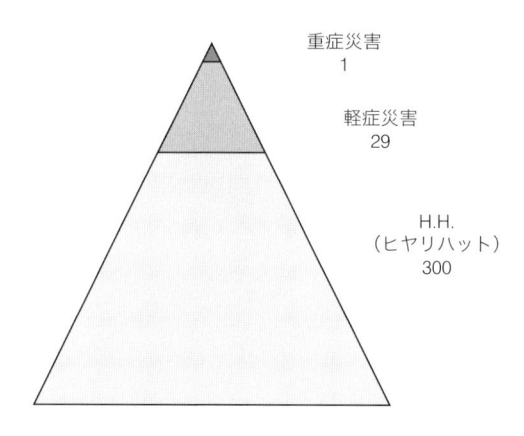

重症災害 1
軽症災害 29
H.H.（ヒヤリハット）300

第 11 章

外構の確認

これは白華?
エフロレッセンス?
それとも鼻垂れ?

095 ウッドデッキなどにより床下換気が阻害されていないか？

◎**外部のウッドデッキは劣化が激しい**

　外部にウッドデッキや濡れ縁を設置することがあります。新築時には結構人気があります。外部ですから、雨水と紫外線を直接に受けますので、もっとも劣化の激しい部位となります。しばらくは活用されますが、数年経過すると、入居者によっては、管理することなく放ったらかしの状態になる場合があります。木部にカビが発生し、腐りが進行し、朽ち果てていく段階になります。1〜2年程度と早めの再塗装が必要です。

　ウッドデッキの下部は、掃除・点検もしにくい状態です。外部の木部のメンテナンスを放置すると、劣化の進行は激しいです。特に別荘などあまり使用しない建物では、設置計画に無理があるとも言えます。

◎**床下の換気を阻害する物に注意**

　これらは、室内から出入りするため、建物に接して設置します。その際に**床下換気を阻害する**ことがあります。室内の床の高さと外部のテラスの高さを同じにすると、使い勝手は良いのですが、床下換気口の高さよりもテラスが高くなり、換気がしにくくなります。

　建物に接して外部物置を設置したり、木を植えることもあります。空間を有効に活用したいわけで、できるだけ建物に寄せます。すべて床下換気を阻害することになり、建物の耐久性に悪影響を及ぼす可能性が高くなります。

　床下に発生する結露は、梅雨〜夏場のみの現象で、冬場には発生しません。床下が結露するということは、床下に外気が入ってくるということであり、一応の換気はしていることになります。

　夏場の床下に結露が発生する条件には、敷地・地下水・風の通り道・床下土間など様々なものがあり、対策としては**調整機能(湿度・タイマー)付き換気扇の設置**が妥当です。その理由は、通常の床下換気扇では常時換気するため、夏場の昼間には高温多湿な外気を相対的に低温な床下に導入することになり、逆に露点温度に達して床下結露を促進する結果となるからです。

　換気扇の設置に難色を示す入居者もありますが、1日に6時間程度の運転になるため、換気扇の電気代は月に100円程度ときわめて安く、問題になることはありません。

「木部に少しカビが出てますね。」

「ホント、こんなところまで見たことなかったわ。」

ウッドデッキの下は土のままのため、雑草が生えて劣化しやすく、床下換気を阻害する

リビングの床高さに合わせたウッドデッキ

096 扉・フェンスの作動状況・錆びを確認

◎外構の金属部材を点検する

　外構関係では、金属部材を使うことが多いです。その材質が鋼製の場合には、防錆処理はされているものの、経年劣化により錆びは発生してきます。金属部材を大気中の汚れからいかに守るかが問題で、定期的かつ継続的な水洗いが必要になります。埃・排気ガス・金属粉・塩分が付着したまま放置しますと、腐食します。せめて年に2回程度は水洗いするように入居者に勧めましょう。汚れは放置すると、だんだん取れにくくなります。

　汚れがひどい場合に、シンナー系統の薬品で拭くと取れる場合もありますが、製品の仕上げによっては模様が溶けて、消えることもありますので、目立たない部位で、少し拭いてみることです。

　材質がアルミ製やステンレス製の場合には、鋼製よりも条件は良いですが、劣化の進行はあります。鉄粉・塩分などの付着により、"もらい錆び"となることもあり、劣化の進行は緩やかながらも起こります。ステンレスだからといって、永久的に問題がないわけではありません。通常は、"SUS304"と呼ばれるステンレスを使用しますが、品質に差があり、SUS430と呼ばれるステンレスのように錆びるステンレスもあります。

　門扉の作動状況ですが、ヒンジ部分のビスが緩み、傾くことがあります。ビス類は、締め直しなどの調整が必要となります。

◎入居者による掃除・点検が問題の早期発見につながる

　基本的にすべてのメンテナンスの場合における共通事項ですが、早い目の処置は、時間もかからず、コストも安くなります。面倒くさいということで放置して、ひどくなってから対処すると、取り替えざるを得なくなり、コストアップになります。

　入居者による定期的かつ継続的な掃除と点検が建物の寿命を大幅に長くします。現実に生活する入居者が掃除しながら異常を察知したら、メンテナンス担当者と相談すると良いのです。感じた異常が大きな問題であったら、早く察知できたことはプラスです。大きな問題でなかったとしても、メンテナンス担当者とコミュニケーションをとることになり、決してマイナスにはなりません。関連する意見を聞き、他の問題点に気づく可能性も高まります。

建物・外構を 10 年目に再塗装している様子

メンテナンスを適切に行うことで外構も年月とともに落ち着いた雰囲気に

097 CB塀のひび割れはないか？

◎コンクリートブロック積みは地震に弱い

　外塀にはコンクリートブロック（略称はCB。最近は"メーソンリーユニット"という馴染みのない呼び名に変わりました）を使うことが多いですが、外塀のブロック本体やブロックの目地のところに割れ目が入ることがあります。原因は、下部の擁壁・間知石に異常があって連続する外塀が沈下すること、地震により割れ目が発生することなどがあります。

　巨大地震の跡を調査に行くと、多くの外塀は倒壊したり、波打っています。直立している外塀が少なく、無残な姿になっていますが、外塀は建物ではない分、建物本体ほどは気になりません。また、少し場所がずれると、被害程度は極端に変わります。被害の程度が事前にわかるわけではありませんが、地盤の強固さによる影響も大きいです。

　外塀の工事は、建物本体ではないため付属工事の扱いです。建物の基礎補強に相当する**外構の補強工事では、特に強度に配慮されることはありません。**簡単な基礎の上にいきなり組積します。基本的に**組積造は地震に弱い**です。中に入れる鉄筋も9mm筋以上が800mm間隔以内という基準ですから、弱いものです。異常があれば、その部分のみをやり直せば良いという程度の認識です。補修も比較的簡単ですから、建築主も建物ほど厳しく考えていません。

◎点検時のポイント

　外塀下部の擁壁・間知石の割れは、建物に直接影響しますから、保証問題になりますが、外構は建物のような保証がない分、気が楽です。したがって、目立たないひび割れは放置され続けることも多いです。

　ただし、CBが土留めを兼ねる場合には、土圧で倒れてくる可能性がありますので経過観察が必要です。土留めは本来なら鉄筋コンクリートで施工するべきものですが、2～3段までと高さが低い場合、コストの問題で、ブロックの厚みが150mm幅以上という条件でブロックで施工する場合もあります。

　外構工事は建物の検査が終了してから行うもので、検査もないために、建築主が飛び込みの外構業者とコスト優先で契約する場合もあります。建築主が納得のうえならば良いのですが、業者の説明が不十分で結局高くつくこともありますので、入居者に注意喚起しておくと良いでしょう。

地震の後、擁壁上のブロックに異変が出た事例

地震後、間知石が割れ、上部のブロックにも異変が出た事例

098　錆びた鉄部の塗り替え時期を確認

◎外構の鉄部はすぐ塗り替えが必要

　鋼製の材料を使って門や塀などをつくることがあります。特に設計者がこだわりの強い場合にはつくりたがります。人の家で実験的に遊ばれても困るのですが、結構主張する人がいます。

　デザイン上は良いと思いますが、多くの鉄部材の"**防錆処理**"がうまくいかずに、数年経過すると、錆が発生していることが多いです。鉄部の錆びについては、保証期間にも問題があります。外構工事の保証書はないことが多く、あったとしても、せいぜい2年と短いのです。

　右上の写真のように、水を受ける水平面に鉄部材を使うと、当然錆びは早くなります。垂直面だけなら水は流れますが、水平面では水は滞留します。建築では、外部での水の滞留は問題です。メンテナンスの立場からすると、設計的な配慮が不足していると言えます。

　外部の鉄部に何かがあたって衝撃を受けると、防錆処理がはげ、錆びの進行は早まります。

◎メンテナンスのポイント

　鉄の錆びは放置すると、悪くなる一方です。錆びが進行すると、塗装だけでは補修できなくなります。鉄部材の塗り替え時期ですが、とても10年はもちませんので、5年前後で塗り替え時期を迎える場合が多く、事前に入居者に説明しておく必要があります。

　戸建住宅では、マンションとは異なり、自分の一存で1年先に延ばすことが可能ですから、毎年先延ばしになります。家を建てた後は、年齢的にも、多くのお金が必要となる時期と重なりますから、安易に延ばしたい気持ちはわかりますが、そのうちに塗装だけでは対処できなくなり、結局は高くつくことになります。

　鉄部材が外部にある場合には、メンテナンス担当者は、入居者の注意を促します。**必ず数年のうちに、再塗装工事が必要**になるからです。塗り替えが必要な時期を明確にして、予算化することを提案します。新築から10年過ぎなら、建物本体の屋根・外壁の塗装工事と一緒に計画しておきます。仮設足場とともに、かなりの高額になります。

おしゃれなデザインの鋼製門

鋼製門扉の錆びを放置した事例

11 外構の確認

099 タイル・レンガの白華現象はないか？

◎**白華現象が起こる理由**

コンクリート・モルタル・タイルなどの湿式系材料には、水分が含まれています。材料のなかに含まれる水酸化カルシウム（アルカリ性）が、水のあるところで空気中の炭酸ガスと反応して、炭酸カルシウム（中性）という白い粉になったものです。この白い粉が"白華"・"エフロレッセンス"と呼ばれるものです。現場では、"鼻垂れ"とも呼ばれます。

白華現象は、強度低下などの問題はなく、生成物も無害です。発生が外部の目立つところであり、見苦しく嫌われることが多いですが、あくまでも見栄えの問題です。

$$Ca(OH)_2 + CO_2 \Rightarrow CaCO_3 + H_2O$$

アルカリ性のコンクリートが年月の経過とともに、"中性化"する現象と同じ理論で、白華も劣化現象の一つと言えます。中性化しても、強度が低下するわけではありませんが、なかの鉄筋を錆びさせるから悪いのです。白華のメカニズムを表す化学式は、コンクリートの中性化の化学式とまったく同じです。

コンクリート擁壁などの土留め部分は、地盤と接するところ、つまり水が含まれるところですから、白華の可能性が高いものです。ブロック・レンガ・タイルなどの吸湿する材料は、白華が発生しやすくなります。

◎**白華現象は防水で予防できる**

白華現象の防止策は、水がまわらないように防水をすることです。白華現象の防止を目的として、水が浸入しないように上から塗布する材料も市販されています。

白華現象が出るかどうかは、現場の水はけによって決まり、粘性土・砂質土などの土質が関係してきます。材料の成分から、水酸化カルシウムは当然含まれ、また空気中の炭酸ガスは必ずありますので、裏側から水が浸入しないようにすることが必要で、施工上の配慮が必要となります。

白華は、太陽光が当たり、乾湿の差が大きいと考えられる南側に生じやすく、気温の高い夏季より冬季の方が進行しやすいといった特徴があります。

アプローチ階段の土間タイルに白華が出た事例

コンクリートブロックの土留擁壁に白華が出ている事例

100 電気設備の接続に異常はないか？

◎外構の電気配線のチェックポイント

　建物の新築時には、後から施工する外構工事の電気配線（門灯・インターホン等）と接続するために、ジョイントボックスを設けておきます。

　新築時に電気工事をする業者と外構の電気工事をする業者は別になることが通常です。また、外構工事の電気配線は、専門の電気業者ではなく外構業者が行うことが多いです。ブロックを施工しているときに、順次埋め込んでいくわけですから、外構業者がやらざるを得ないのです。

　外構工事の電気配線は、掘り込みガレージがある場合にはコンクリートにも設けますが、原則として住宅外壁の地面に近い位置のジョイントボックスを通じて地中に設けることになります。電気配線は、地中に直接施工せずに、CD管と呼ばれる配管に入れる必要があります。配管内に配線を入れておくと、異常が発生した場合に取り替えがききます（実際には、配管の曲がりもあり、配線の取り替えが困難な場合も多いですが）。配管の場合はブロックのなかに施工することは可能ですが、配線のみでは不可です。

　配管のなかではジョイントは設けず、あくまでもジョイントボックスのなかで接続します。万一配管に浸水した場合、即漏電するからです。外部でジョイントを設けるには、雨水浸入防止が条件になります。建築ではいかなる場合であっても、取り合い部・接続部は弱点となります。劣化しやすい部分ですから、ときどき問題が起こります。

◎外構の電気設備配管の把握は難しい

　外構工事における電気設備配管については、スイッチやコンセントの位置は明示されますが、配管経路が図面化しにくいところとなります。また図面通りにはいかないことも多く、施工時に職人任せとなり、現場合わせで納めてしまいがちです。

　竣工図が作成されないため、記録がないことになります。メンテナンス担当者としては、外構電気図面がないことには困ります。問題があると、職人同行の上、現地で探さなければなりません。建物よりも、外構は手間がかかることが多いのです。

入居完了後に外構計画が始まることも多い

住宅のメンテナンス中に外構の点検も実施しよう

おわりに

　ここまで、住宅のメンテナンスに関するポイントを、建物を点検する部位順に100項目に絞って説明しました。住宅メンテナンスの分野は幅広く、これらの項目以外にも多くの問題があります。住宅は、敷地がすべて異なり、一つとして同じ建物はなく、入居者も多様ですから、建物の中では最も難しいと言われています。技術的なことがらは、多くの場合、基本的な内容を理解して経験していくことにより、自然と応用できるようになってきます。本書を読むだけで、住宅メンテナンスの多くのヒントを得られると思います。

　住宅のメンテナンスを担当する技術者は、設計・施工担当者と比べ、入居者との付き合いが最も長くなる職種です。現場を確認して、適正な判断を行い、入居者に対して適正なアドバイスをするために、入居者が納得するまで説明する能力が必要です。技術者として、自分自身のために勉強することは当然ですが、勉強した成果は、入居者に対しても大いに役立つものです。

　これから日本国内では、以前のように建物を解体撤去して新築することは、経済的にも環境問題の観点からも難しくなると思われます。必然的に建物を長く使用することになり、以前よりもはるかにメンテナンスの重要性が高まってくるということです。

　住宅会社内でも、メンテナンス担当者の存在価値が大きくなり、意見を主張しやすくなっていきます。過去には、住宅会社内で、メンテナンス部門は利益を生まないお荷物的な扱いを受けていた時期もありましたが、これからは異なります。遅すぎる感はありますが、ようやく日の当る部署になってきたのです。

　本書で何度も主張したように、建物は、具合の悪いところだけメンテナンスして補修を繰り返せば、半永久的にもつはずです。また、現在使用可能な設備機器を、古くなったからという理由で取り替える必要もありません。設備機器としての寿命を全うしてから取り替えれば済むことです。この考え方が、入居者の豊かさに大きく貢献します。

　住宅のメンテナンスの仕事は、入居者を幸せにする素晴らしい仕事です。使命感をもって、行動して下さい。行動するのは「今でしょ！」

玉水新吾・都甲栄充

謝辞

　住宅業界に入って、35年以上経過しました。その間に実に多くの経験をさせていただきました。うまくいかずに迷惑をかけたこともあります。

　今回は特に、住宅のメンテナンスを担当する若手技術者にヒントを提供することにより、技術者としての成長の一助にしてほしいとの思いで、本書をまとめました。

　日本建築協会の出版委員会に所属しておりますが、毎月の定例会議で、原稿の進捗状況を確認しながら、井上まるみ委員長はじめ、メンバー各位から、貴重な助言をいただき、感謝しております。

　学芸出版社編集部の岩崎健一郎氏と越智和子氏には、ながらく出版に向けて、多くの提案をいただき感謝しております。

　長い時間が経過しましたが、やっと本書が誕生いたしました。みなさまにこの場を借りて深く感謝し、お礼申し上げます。ありがとうございました。

玉水新吾

◆著者紹介

玉水新吾（たまみず しんご）

1953年京都市生まれ、名古屋工業大学建築学科卒業後、1976年から大手住宅メーカーにて、技術系の仕事全般を34年経験。現在は独立し、一級建築士事務所「ドクター住まい」主宰。大阪地裁民事調停委員。
HP：ドクター住まい　http://doctor-sumai.com/
資格：一級建築士・一級建築施工管理技士・一級土木施工管理技士・一級造園施工管理技士・一級管工事施工管理技士・宅地建物取引主任者・インテリアプランナー・インテリアコーディネーター・コンクリート技士・第一種衛生管理者
著書：『現場で学ぶ住まいの雨仕舞い』『建築主が納得する住まいづくり』『写真マンガでわかる 建築現場管理100ポイント』『写真マンガでわかる 工務店のクレーム対応術』(以上、学芸出版社)、『DVD講座 雨漏りを防ぐ』(日経BP社)

都甲栄充（とこう ひでみつ）

1949年北九州市生まれ、明治大学工学部建築学科卒業後、大成建設㈱で18年、住友不動産㈱で18年、定年後独立し、㈱AMT一級建築士事務所主宰。東京地裁民事調停委員。マンション管理組合理事長を22年継続中。瑕疵問題が専門。
HP：http://amt-happy.co.jp/
資格：一級建築士・一級建築施工管理技士・宅地建物取引主任者・管理業務主任者・監理技術者・管理建築士
所属：日本建築学会

◆マンガ

阪野真樹子（ばんの まきこ）

神戸女学院大学卒業後、大手住宅メーカー勤務後、イラストレーターとして独立。『写真マンガでわかる 建築現場管理100ポイント』『建築主が納得する住まいづくり』『写真マンガでわかる 工務店のクレーム対応術』などのイラストを担当。

写真マンガでわかる
住宅メンテナンスのツボ

2013 年 10 月 1 日　第 1 版第 1 刷発行
2017 年 6 月 20 日　第 1 版第 3 刷発行

企　　画………一般社団法人 日本建築協会
　　　　　　　〒540-6591　大阪市中央区大手前 1-7-31-7F-B
著　　者………玉水新吾・都甲栄充
　　　　　　　（阪野真樹子　マンガ）
発 行 者………前田裕資
発 行 所………株式会社 学芸出版社
　　　　　　　〒600-8216　京都市下京区木津屋橋通西洞院東入
　　　　　　　電話 075 - 343 - 0811

印　　刷………イチダ写真製版
製　　本………山崎紙工
装　　丁………KOTO DESIGN Inc.　山本剛史

© Shingo Tamamizu, Hidemitsu Tokou, 2013　　　Printed in Japan
ISBN978-4-7615-2560-6

JCOPY 《㈳出版者著作権管理機構委託出版物》
本書の無断複写（電子化を含む）は著作権法上での例外を除き禁じられています。複写される場合は、そのつど事前に、㈳出版者著作権管理機構（電話 03-3513-6969、FAX 03-3513-6979、e-mail: info@jcopy.or.jp）の許諾を得てください。
また本書を代行業者等の第三者に依頼してスキャンやデジタル化することは、たとえ個人や家庭内での利用でも著作権法違反です。

日本建築協会企画の好評既刊

写真マンガでわかる
建築現場管理 100 ポイント

玉水新吾 著／阪野真樹子 イラスト

四六判・224頁・定価　本体1900円＋税

整理整頓の励行、手抜きのできない現場の実現によって、職人のマナー向上やコストダウン、クオリティの高い仕事をめざそう。本書は、実際の建築現場に見られる管理の悪い例を写真マンガで指摘。その現場の問題点と改善のポイントを解説し、管理のゆき届いた良い例もビジュアルで明示した。現場管理者必携のチェックブック。

現場で学ぶ　住まいの雨仕舞い

玉水新吾 著

四六判・224頁・定価　本体2000円＋税

建築主の信頼を最も失うトラブルは、雨漏りである。漏らなくて当り前に関わらず、実際には大変多い欠陥の一つであるように、雨仕舞いは常に住宅の課題だ。本書は、ベテラン技術者が木造住宅の豊富なトラブル事例をもとに、雨漏りのしにくいデザイン、危険部位における雨の浸入対策等、雨漏りしない家づくりのノウハウを公開。

建築主が納得する住まいづくり
Q&Aでわかる技術的ポイント

玉水新吾 著

四六判・224頁・定価　本体1900円＋税

建築主が大満足する家づくりとは。住宅メーカーのベテラン技術者が、現場で経験したクレームやトラブルの事例より、家を建てるときに、建築主に説明して念押ししたほうがよいポイントや、着工までに納得してもらうべき事項をあげ、その対応や配慮を工程にそって解説した。現場マン必読!!顧客満足度アップ、クレームゼロの方法。

写真マンガでわかる
工務店のクレーム対応術

玉水新吾・青山秀雄 著

四六判・220頁・定価　本体2000円＋税

住宅建設需要が減退し、施主一人ひとりとの長期的な関係づくりが重要となるなか、施主の満足度を高めるために工務店は何をすべきなのか？　本書は、施主とのコミュニケーション不足から生まれるよくあるクレームを網羅し、正しい事前説明とクレーム発生後の対応をわかりやすく解説。選ばれる工務店になるためのヒントが満載！

住宅エクステリアの 100 ポイント
計画・設計・施工・メンテナンス

藤山　宏 著

A5判・232頁・定価　本体2500円＋税

住宅の外部空間にこだわりを持つ建築主が増えたこと、景観への意識が高まったことなどにより、エクステリアの需要は拡大している。しかし、他業種出身の技術者が集まった現場は、誤解や理解不足による不具合が多いのも現実である。本書は、求められる広範な知識を建築・土木・造園を軸に体系的に整理し、解説した初めての書。

プロが教えるキッチン設計のコツ

井上まるみ 著

A5判・224頁・定価　本体2300円＋税

栄養士でもある女性建築家が提案する、暮らしを見つめた、なるほど納得！のキッチン論。食事づくりを重視し、動線・収納・デザイン・価格・設計思想に至るまで、数多くの実例をもとに考え抜かれた目からウロコの知識満載。施主の「憧れ」だけに流されず、生活に根ざした設計で、住まいの心臓部「キッチン」をもっと豊かに！